どの先生も
うまくいく
エンカウンター
20のコツ

國分康孝・國分久子 監修
明里康弘 著

図書文化

監修者の言葉　　SGEによる人間成長を生かす学級経営

　この本は，構成的グループエンカウンター（SGE）を学級でどう活用するかのハウツーの本ではあるが，私ども監修者がこの本に感心したのは，ハウツーの背景にある明里康弘のSGE哲学（SGEのプリンシプル）であった。
　SGEの原理は，パーソナルリレーション（personal relation：地位，年齢，性別，国籍など社会的役割から解放されたひとりの個人としてのホンネのつき合い）の深化にある。しかし國分SGEでは，ソーシャルリレーション（social relation：役割関係，現実原則志向のつきあい。合宿SGE期間中の役割分担やルール遵守がその例）も取り入れている。それは，SGEが「旅の恥はかき捨て」のような放縦風の自由に堕さないためである。
　さて本書の特長のひとつは，この原理を学級SGEに生かせるように翻訳したことだと思われる。すなわち，著者明里康弘はSGEによる「タテの人間関係（例：師弟，親子，先輩後輩）」と「ヨコの人間関係（例：友達）」という2つの目標を立てている。私どもの解釈では「タテの人間関係」とは超自我のある人間関係である。
　SGEのリーダーとはファシリテーター（世話人）ではなくリーダー（指導者）と國分SGEではいっているが，これはリーダーはメンバーの超自我対象という意味である。学級崩壊とは，教師の超自我機能崩壊という意味である。「ヨコの人間関係」とは，personal relationである。相互に防衛規制を必要としない「自己開示と被受容感」（片野智治）を核とする人間関係である。
　本書のもうひとつの特長は，SGEを人間関係づくりの方法としてだけとらえるのではなく，人間成長の教育体験としての意味を提唱していることである。これは大事なことである。

もともとSGEは人間成長（personal development）の教育方法として，技法はゲシュタルト療法，思想は実存主義をベースに発展してきた。それゆえ，エンカウンターでいう人間成長とは，(1)個としての自他に気づき（self-discovery, others-discovery），(2)自己開示できるようになり，(3)他者に被受容感を与えられるようになることである。この人間成長志向のSGEをジェネリックSGEという。

　これを，人間関係づくり，学級づくり，キャリア教育，教科教育，学校行事に活用した場合をスペシフィックSGE（特定の目標・場面に特化したSGEの意）という。

　明里康弘はスペシフィックSGEのハウツーを通して人間成長のためのジェネリックSGEを語っている。私ども監修者は，明里康弘・春美夫妻を含む次世代のSGE実践・研究者の輩出を日本のガイダンスカウンセリングのために意義ある出来事だと思っている。それは，日本のスクールカウンセリングは心理職者に独占されてきたが，SGEリーダーによって代表される教職者が主流になるスクールカウンセリングを提唱したいからである。

　すなわちこれからの日本のスクールカウンセリングを個室にこもって個人面接を重ねる心理カウンセリングを主とする方法から，SGEを代表とするグループアプローチが主になる方法にシフトしていく必要がある。その理由は，(1)一部の子どもだけのサービスにとどまらず，すべての子どもを対象に，(2)治すカウンセリングだけでなく，問題発生の予防・人間成長のためのグループ体験が学校教育では有効であり，教師にもなじみやすい方法だからである。

　明里康弘による本著は，その論証の役を果たしていると考えられる。

　　　　　　　　　　　監修者　國分康孝 Ph.D（東京成徳大学名誉教授）
　　　　　　　　　　　　　　　國分久子 M.A（青森明の星短期大学客員教授）

まえがき

　全都道府県教育センターが，教師の研修に構成的グループエンカウンター（Structured Group Encounter：略称SGE）を取り入れている。このことは，数年前，NHKがテレビ番組制作のため調査をしてわかったことだ。

　ときどき，SGE研修の講師で招かれる。そこでの筆者の感想は，若い先生方が自ら進んで意欲的に参加していることである。とても頼もしく感じる。私も「SGEの技法だけでなく，若い先生方が自己理解を深め，人間的に成長する一助に」と気合いを入れてやる。

　参加動機を聞くと「楽しい学級にしたい。子どもたちの人間関係を良くしたい。それにはSGEがいいと聞いたから」と。そして，研修参加後の感想は，「とにかく楽しかった。良かった。学級で使える。自分自身のためにもなった。自分自身も変われそう」と，ほとんどの先生が言う。

　参加した先生方の要望も，以前は「面白いエクササイズ（exercise）を教えて」だったが「SGEの効果的なやり方を教えて」に変わってきた。参加する若い先生は，SGEを大学の授業や初任者研修で体験済みだ。良いのはわかっている。しかし，いざ自分が学級でやろうとすると，「どこに注意したらよいかわからない」「子どもにどんな言葉がけをすればよいか知りたい」などの要望が多い。きっと自分自身の心の変化があったからであろう。ベテランの先生は，「大変な子どもを学級の中に入れる方法や，高め合える集団づくりの方法を教えて」と言う。

　そこで，この本は，國分康孝先生・國分久子先生が監修・編者で出版されているSGEの原理や理論をおおよそ理解している先生方を対象とし，SGE実践上の心得やハウツー，工夫等を伝えることを目的として書いた。

　SGEは，「人間関係づくり」だけでなく，大きくは「人間成長」をねら

いとしている。子どもだけでなく，教師自身も人間成長ができる。

　SGEを継続していくと，自他理解が深まるだけでなく，自己開示や自己主張もできるようになり，自分のことを他人に話すのが楽しくなる。意識していなくても，人間関係のトラブルを上手に乗り越え，友達との関係もうまくいくようになり，楽しい学級生活を送ることができるようになる。予防的教育はもちろん，「生きる力」や「自分で考える」「相手を思いやることができる」など，心を育てる教育もできる。

　筆者は，人間関係づくりがうまくない。口数少なく自分の言いたいことだけしか言わず誤解されやすい。そんな私だが，人間関係づくりが苦手な不登校の子どもたちと長年かかわってきた。3人の子育てもしてきた。現在は，校長という立場で学校運営をしている。

　本書は，筆者のSGE体験から若い先生に伝えたいことをまとめたものである。

明里康弘

もくじ

第1章 エンカウンターで師弟関係と感謝の心を育む

- 第1節　「師弟関係」と「感謝の心」　10
- 第2節　タテとヨコの人間関係による人間成長　11
- 第3節　生き方の探求に欠かせない人間関係　14
- 第4節　尊敬される先生がもつ教育力　15
- 第5節　エンカウンターで芽生える感謝する心　16
- 第6節　感謝の心は「やる気」を生み「使命」となる　17

第2章 子どもと教師が育つSGE学級経営の急所とは

- 第1節　SGEで学級はこう育っていく　20
- 第2節　学級集団の土台を固める　25
- 第3節　かかわるチャンスを意図的につくる　26
- 第4節　表現力をつける　28
- 第5節　こんな教師にこそSGEがおすすめ　29
- 第6節　SGE「友達の良いところ探し」で学級づくり　30

第3章 どの先生もうまくいくエンカウンター20のコツ

本物のエンカウンターを体験する　38

- コツ1　「私は学級のリーダーである」と自覚する　40
- コツ2　エクササイズのねらいを黒板に1行で書く　41

- コツ③ インストラクションは5回練習して教室に行く　42
- コツ④ シェアリングはできる方法で必ず行う　44
- コツ⑤ ワークシートを活用する　48
- コツ⑥ 実践をほかの先生に話す　50
- コツ⑦ 年10回実施の目標で進める　52
- コツ⑧ 7・5・3の法則　54
- コツ⑨ ウォーミングアップで安心感を持たせる　56
- コツ⑩ エンカウンター仲間を持ち，広げる　58
- コツ⑪ リーダーが細かく仕切る　60
- コツ⑫ ほかの先生を巻き込んでエクササイズをする　62
- コツ⑬ 保護者会でSGEを生かす　64
- コツ⑭ シェアリング票を使って個別面接をする　68
- コツ⑮ 学級担任としての本時の目標を明確にする　70
- コツ⑯ ワークシートやシェアリング票を貼る掲示法　72
- コツ⑰ 介入をする　76
- コツ⑱ あいさつをする　78
- コツ⑲ グループづくりは学級経営の観点から　80
- コツ⑳ SGEグッズを準備する　82

第4章 エンカウンターならできる「学級トラブル克服術」

- 第1節 上級生との人間関係のトラブル　86
- 第2節 長い休み後の人間関係の変化　88
- 第3節 けんか両成敗　92
- 第4節 部活動に入っていない　94
- 第5節 小グループ化した学級　97
- 第6節 集団で1人を笑う　100

第7節　転入生が来た　102
第8節　いじめ　104
第9節　部活動と生徒会のはざまで　107

第5章　学級に合ったエクササイズをつくる

第1節　エクササイズのつくり方　110
第2節　AKARI Travel シリーズ　113

第6章　大人と異なる生徒向けエンカウンターのコツ

第1節　ジェネリックとスペシフィック　118
第2節　強制的にやらせてもよいか　120
第3節　「君がきらいだ」と本音を言ってもよいか　123
第4節　深いエクササイズをしたい　125
第5節　秘密保持　126
第6節　SGEと他の理論・技法との異同　128

コラム1	時間管理はリーダーの責任　47
コラム2	ウォーミングアップ向けエクササイズ　67
コラム3	「楽しく感じる」が基本　75
コラム4	人間関係のトラブルを乗り越えるSGE　91
コラム5	学級の雰囲気を良い方向に向ける　122

第1章

エンカウンターで師弟関係と感謝の心を育む

　今の学校教育で育てたいことはたくさんあるが，特に強調したいことが2つある。それは「師弟関係」と「感謝の心」である。
　この2つがあると，子どもたちの健全な人間成長を望むことができると思うからである。
　最近の子どもたちの問題に人間関係の未熟さがあげられる。
　「人間関係」は，かかわることから始まる。そのとき，「師弟関係」と「感謝の心」があると，子どもたちは人間関係を築きやすい。
　小中学生の場合，良好な人間関係づくりをするためには「師弟関係」が基盤となる。人間関係づくりは子どもだけでは無理がある。大人の援助が必要で，学校では教師の援助や指導が必要である。子どもは信頼できる先生からの指導は，安心してすんなり聞くことができる。「師弟関係」だ。そして，人間関係が徐々に深まるのは，相手の存在を感謝できるときである。「いつもAちゃんが，おはようと声をかけてくれてうれしい。今日はなんとなくつまらなかった。なぜならAちゃんが欠席し，話し相手がいなかったからである」など，人の存在への感謝である。それには，エンカウンターをたくさん経験するとよい。

第1章　エンカウンターで師弟関係と感謝の心を育む

第1節 「師弟関係」と「感謝の心」

　子どもたちに「師弟関係」と「感謝の心」があると，人間関係を築きやすく人間成長を促しやすい。学校生活を中心に話したい。

師弟関係
　近年，学校や子どもの問題として「人間関係の未熟さ」が取り上げられる。友達がいない，友達の中に入っていけない，友達とのトラブルの解決方法がわからないなど人間関係づくりが下手だという。これは，戦後の日本社会の変化，子どもの人間関係の質と量の変化から生じている。小中学生の場合，子ども同士の人間関係を育むには，「まず，先生と子どもの関係をしっかり確立する」に辿り着く。子ども同士の人間関係づくりをするとき，「『おはよう』とあいさつすると気持ちがいいね」と手本を示す。「みんなが困っているよ」とわがままを指摘し修正の方向を示す。「いいことをしたね」とほめて強化する人が必要である。学校では，それは，先生の役目である。子どもは大好きな先生の言うことなら素直に聞く。先生と子どもの関係で信頼が確立していると，子どもは安心して友達関係を広げやすい。つまり先生と子どもの「師弟関係」が基盤として必要である。

感謝の心
　子どもは，どのようなときに友達がほしいと思うのだろうか。
　どのようなときに友達をありがたいと思うのだろうか。
　友達からほめられる，認められる。反対に友達をほめる，認める，助けるなどを繰り返すことにより信頼関係ができていく。「友達の存在」がかけがえのないものになっていく。友達っていいものだと「感謝」の気持ちが生まれてくる。これを一言で表すと「感謝の心」である。

第2節 タテとヨコの人間関係による人間成長
―学校の場合―

　構成的グループエンカウンター（以下，SGE）といえば「人間関係づくり」のためと思っている先生が多い。たしかに人間関係が良くなる方法の1つである。しかし，SGEの本来の目的は，人間を成長させることであり，単に仲良し友達をつくるためではない。人間関係には2つある。

　1つはタテの関係で，親と子，師匠と弟子，学校では先生と子どもである。もう1つはヨコの関係で，仲間，同僚などで，学校では友達である。

タテの関係を育てる

　学校でのタテの関係とは，先生と子ども，師匠と弟子等の関係のことである。上下関係が主力となり，上の人が下の人の面倒を見るなど，しっかりした愛情や思いやり，厳しさの上に成り立っている。上の人は，ほとんど見返りを期待していない。

　このタテの関係で信頼関係が確立していると，下の人は，上の人の言うことを安心して素直に聞くことができる。学校でも先生と子どもが信頼し合い，師弟関係が成り立つと子どもに安心感が生まれる。迷ったり困ったとき，正しく判断し導いてくれる人や相談できる人がいると，つまりタテの関係（師弟関係）がしっかり確立していると，安心してヨコの友達関係を広げやすい。

　子どもは，友達関係でトラブルが起きたとき，自分たちだけで関係を修復することはなかなか難しい。そんなとき，子どもが尊敬したり安心できる先生がいると，素直にアドバイスを受け入れることができ，友達関係の修復が可能になり友達関係を育てやすい。

　例えば，中学2年生のA子は，明日B子とディズニーランドへ一緒に行く約束をしていた。そこへC子が「明日，一緒に遊ぼう」と誘ってき

第1章　エンカウンターで師弟関係と感謝の心を育む

先生にたよれる安心感があれば
仲間と本気でかかわれる

　た。A子は「明日は，ダメ」と断るとC子に嫌われると思っている。C子も大事だしB子とディズニーランドにも行きたいのでどうしたらよいかわからない。そんなとき，A子の話をよく聞いてくれる先生がいると，A子は安心して相談でき，信頼できる先生のアドバイスを受け入れやすい。先生のアドバイスがA子の心へすっと入り，A子は，友達関係を上手に広げやすい。
　師弟関係がある，つまり，信頼できたり尊敬できる先生がいることが，子ども同士の人間関係を育てる土台となる。

ヨコの関係を育てる

　ヨコの関係とは，友達関係や仲間同士の関係で，対等な関係である。この関係が中学生にとっては難しいといわれている。勉強ができる，スポーツができる，リーダーシップがあるからといって友達の前に出すぎると，みんなから「でしゃばり」「生意気」と反感を買う。

　反対に，おとなしく黙っていると，友達から軽んじられたりバカにされ家来のように扱われやすい。この加減が中学生にとって難しい。これはたくさんの経験から身につけていくしかない。

　今の子どもたちは，生まれたときから小さな家族で管理された人間社会の中で育ってきている。たくさんの人とかかわる体験量が少ない。成功体験も失敗体験も非常に少ない。人間関係づくりの学習が少ない。

　だから，今の学校は，特に子ども同士の人間関係づくりを応援することが大切である。それは，「場の設定」や「かかわる体験内容の紹介」，「トラブルになったときの修復の仕方」などである。そして何よりも「子ども個々に起きた感情処理の仕方」を学ぶことである。単に，人間関係づくりの技法を教えるのではなく，感情への気づきや感情処理の仕方を上手に育てていくことが大切である。

　友達との人間関係づくりを促す方法はいろいろあるが，SGEは感情面にも対応している。

　このように筆者が言うと，50歳以上の先生方は「ええ？　そんなことまで学級でしなくてはならないの？　私たちはそんなことを教わらなくても育った」と反論される。しかし，50歳以上の人が育った時代と今とは違い，今の子どもたちは人間関係が希薄である。学校で「人間関係づくり」を教えていくことを考えていかなくてはならない時代である。

第1章　エンカウンターで師弟関係と感謝の心を育む

第3節　生き方の探求に欠かせない人間関係

生き方が問われる時代の出発点

　小中学校は，さまざまなことを教え育てるところである。学校は，江戸時代も明治以降も知識や文化を教えることが中心であった。

　しかし，ものが豊かになりマスメディアが発達した今の時代は，知識を教えることも大切であるが，それらをどのように活用し，どのように生きるかという「生き方」を教えていく時代である。

　個性を尊重し多様な価値観があるなかで生きるには，人間一人一人の生き方が問われる時代である。

　「生き方」は，学習指導要領の根幹であり，「生きる力」の育成が求められている。そのためにはまず，安心して「私はこのように生きたい」「もっとこんなことをしたい」と意欲が湧いてくる人間関係が必要である。

「自分を生かし，人の役に立つ人生」をめざして

　人間はどんな生き方をしていくのがよいだろうか。筆者は「自分を生かし，かつ人の役に立つ人生」だと思う。このことは，多くの先人も言っている。「自分の生き方に満足し，かつ他人の幸福のために尽くすことができる人生」である。

　そのためには，人間関係がうまくいくことが重要な要素であり，「師弟関係」と「感謝の心」を育てることが根幹であると考える。この2つは，ものがあまりない時代は助け合わなければ生きていけなかったから，意図して教えなくても自然に学んでいった。

　しかし今は，意図して意識して場面や時間や機会（チャンス）をつくっていかなくては，これらが育たない時代である。

第4節 尊敬される先生がもつ教育力

子どもから尊敬される先生とは

　昔の学校の先生は尊敬されていた。それは，文化や知識を学校の先生が教えてくれたからである。何でも知っている先生，何でもできる先生，子どもだけでなく保護者も地域の人も先生を尊敬していた。尊敬している人から教えられたことは，素直に聞くことができて身についていった。

　当然のことながら，それに人間的魅力も伴っていた。そこには，師弟関係が確立していた。

　今は，知識や文化は，学校よりもインターネットのほうが早く詳しい。図書館やマスメディアも大きな情報源だ。水泳やピアノなど，スポーツや文化的な技能は，学校よりもカルチャーセンターのほうが優れている場合がある。

　子どもが先生を好きなとき，その先生が教える勉強を好きになりやすい。先生が，子どもにとって，あるべき姿を示し超自我的存在，大好きな存在であれば，子どもから尊敬される先生の教えはすんなり入る。

　子どもが好きな先生とは，①明るい，さわやか，②わかりやすい話し方，③子どもの気持ちがわかる，④一緒に活動する，⑤学級集団を引っ張ってくれる，などである（多くの著書や学級担任の経験から筆者がまとめた結果）。

　SGEのリーダーは，指示を結論から話し，口で指示するだけではなくエクササイズのデモを示し，エクササイズを子どもと一緒に行う。エクササイズはゲーム感覚のものが多くて楽しいし，シェアリングで子どもの気持ちをわかろうとするなどで，子どもの好きな先生になりやすい。

【参考文献】國分康孝「生徒指導に生かす　構成的グループエンカウンター2　教師が自分を語り師弟関係が育つ」日本教育新聞，平成21年3月9日付

第1章　エンカウンターで師弟関係と感謝の心を育む

第5節　エンカウンターで芽生える感謝する心

生活の中にあった感謝する心

　2年前に亡くなった，大正生まれの私の父の例である。

　村の寄り合い（自治会の総会や議会）や作業（公民館の清掃や，地域の草刈り）の後は決まって懇親会があり，酒と折り詰めが出た。父はその折り詰めにほとんど手をつけずに我が家に持ち帰り，それを私たち子ども3人で分けて食べたことを覚えている。家族への思いやりがある頼もしい父だと思ったものである。父の何気ない行為が，普段の生活の中に父に感謝する心を生じさせていた。

　今の時代は，豪華なオードブルを持ち帰っても，家族から「残飯なんか持ち帰るな。みっともない」とさえ言われかねない。便利な分だけ他人の手をわずらわせない。人とかかわったり人の世話にならなくても生きていける。金を出せば代替できてしまう。

　感謝するチャンスが失われ感謝する心をなくしてしまっている。

　しかし，人間は互いに助け合いなしでは生きていけない。感謝するチャンスを与えて感謝する心を芽生えさせたい。

SGEが感謝の心を育てる

　SGEは，学級集団の中で体験の場を意図的につくる。

　普段の生活にはない体験を取り入れている。

　シェアリングで，「感じたこと，気づいたこと」を出し合う。

　人とかかわり，人の生き様を見（診，観，看，視）るようになることで「感謝の気持ち」が芽生え，そして感謝の心が育っていく。

　「師弟関係」と「感謝の心」の2つができると，「生きる力」が育つと考える。

第6節　感謝の心は「やる気」を生み「使命」となる

学級でエクササイズ「友達の良いところ探し」（第2章第6節参照）を継続していくと，子どもは最初は恐る恐る書いていたが，友達から自分の良いところを書き続けられると，心は次のように変化していく。

《「友達の良いところ探し」を継続したときの心の変化》

続けると

心のつぶやき	キーワード
1　うれしい	満足感
・嘘っぽい→でもうれしい→もっとほめてほしい	
・私って人からこのように見られているんだ	自己理解
・ほっとした→これでいいんだ	安心感
2　友達をほめてあげたい	
・友達をよく観察するようになる	他者理解
・小さなことでも友達をほめようとする	他者肯定
・学級が和やかになる	
3　互いに仲良くなる	相乗効果
・一緒にいる→一緒に活動する	
4　「ありがとう」が多くなり感謝の気持ちが湧く	感謝
・人に言われてやるのではなく　　友達のためにやりたくなる	自発・能動
5　いろいろなことに「やる気」が出てくる	
・学校で○○したい。将来○○したい	やる気
・挑戦してみたい	勇気
・私は学校のため，社会のために○○したい	使命

そうすると，学級に役立っている自分がうれしいし，友達の役に立っている自分が誇らしくなる。ほめられるためにやっているのではない自分に

第1章　エンカウンターで師弟関係と感謝の心を育む

気づく。

　しかし，夏休みで40日も友達に会わないと，関係が薄くなってしまうから，9月には，再度，友達を知るエクササイズが必要である。また，「友達の良いところ探し」を続けていくと，夏休み前の関係に短時間で回復する。このエクササイズを続けると，「先生から信頼されている」，「友達から信頼されている」が基本となって，友達と一緒にするさまざまな活動が相乗効果となり，良いほうへ波及していく。

　この状態が学級集団の中で続くと，「がんばる」「他者のために」が，「やる気」「勇気」「挑戦」となり，「こうしたい」だけでなく，「将来，みんなのためにこれをして役に立ちたい」という使命に変容していく。

　このように，その子どもたちを支えてきた「師弟関係」と「感謝の心」から「やる気」と「勇気」が生まれ「ボランティア」へ発展し「使命」となる。

第2章

子どもと教師が育つ SGE 学級経営の急所とは

　私たち教師にとって構成的グループエンカウンター（以下，SGE）が魅力的である理由は，子どもが育ち，学級集団が育ち，教師が育つからである。
　「子どもが育つ」とは友達とのかかわり方が上手になる。
　つまり，友達をほめたり認めたりでき，学級の仕事を友達と一緒にするようになる。
　「学級集団が育つ」とは，学級がまとまり，いじめやからかいがなくなる。
　親和性が高くなり，雰囲気のよい学級になる。
　「教師が育つ」とは，教師にリーダー性が身につく。
　学級集団をまとめ，学級をぐいぐい引っ張っていくことができるようになる。
　教師に人間の幅ができ多角的な面から生徒を認める教師になる。

　今の時代の学級経営では，生徒同士のふれあう機会，非日常的ながらも良質な体験，自分の感情を上手に表現する機会を与えることが必要である。それにはSGEが効果的である。

第2章　子どもと教師が育つSGE学級経営の急所とは

第1節　SGEで学級はこう育っていく

　SGEのメリットは，今までに出版された数多くの本にも紹介されている。ここでは，筆者が学級や学年でSGEを実践して見られた生徒の変容（成長）をあげる。
　SGEを生かして学級経営を行うと，次のように生徒は成長する。

子どもが育つ

(1) 友達を意識し認めるようになる
　SGEを継続して実践していくと，生徒たちは友達を認めるようになる。
　年度最初（4月頃）のエクササイズは，自己紹介，つまり自己開示のものが多い。それによって友達を知るようになる。
　特定の友達だけにしていたあいさつを，朝，教室に入ると窓際の遠く離れた席にいる子どもへも「おはよう」と声をかけたり，あいさつをされれば「おはよう」と返事をするようになる。帰るときも同じである。教室の後ろにいる友達に「おれ，帰る。じゃあな」など，相手の存在を意識するようになる。
　学級の誰かがいないときに，担任が「あれ？　そこの空席は誰？　どうしていないの？」と聞いても誰も応えなかったのが，「あ，A男君は理科の準備を聞きに行ったままです」と，友達の存在を伝えるようになる。

(2) 学級の仕事を一緒にするようになる
　友達の存在を認めるようになると，学級の仕事を一緒にするようになる。今までは，「ええ？　また。めんどくせ」と言いながら仕事をしていたが，徐々にそのような言葉が減り，楽しく友達と一緒に仕事をするようになる。それは，好感を持てる友達の存在がそうさせている。
　「仕事の内容」よりも「友達と一緒」という要素が大きい。

　筆者は，子どもが書いたものをすぐ掲示する。「このプリントを模造紙に貼り，それを廊下に貼って」と係の生徒に頼むと，他の生徒も「部活動が始まるまで手伝おうか」と友達と一緒にいるようになる。大変な仕事ではない。手伝わなくてもできる仕事だが一緒にいて話をしながら相手をしている。友達と一緒にいる心地良さを楽しんでいるようだ。

(3) 友達とのいがみ合いがなくなる

　6月頃になると，今まではなかった「バ～カ」「アハハハ」など，人を小バカにした言動が見られるようになることがある。4月の緊張がほぐれた証拠である。これを放っておくと，増長していじわるをしたりいじめになったりする。しかし，SGEを継続していくと，このようなからかいが減り，他人を攻撃しなくなる。それでも誰かがやり続けると，「もう，やめておけ」と制止する声が出るようになる。

　それは，SGEのエクササイズで一緒に活動したり，シェアリングで友達に親しみを持ったりして，他者理解が進んできたからである。

学級集団が育つ

(1) 学級がまとまる

　SGEを実施する一番の魅力は，学級集団がまとまってくることである。学級に凝集性が見えてくる。小グループに分かれて，他のグループメンバーとは絶対に組まなかった生徒が，ウォーミングアップをみんなとやり，

他の生徒とも一緒に活動ができるようになる。もちろん好きな者同士で一緒に活動することはあるが，学級全体のエクササイズでは，他の小グループメンバーとも一緒に活動できるようになり，まとまりのある学級になる。

(2) いじめやからかいがなくなる

学級全体のもめごとが徐々に少なくなっていく。エクササイズを繰り返して行うと，一緒に活動した生徒の悪口を言わなくなる。今までは悪口を言われると，「売り言葉に買い言葉」でどんどんエスカレートしていったがブレーキがきくようになる。学級集団が悪い方向に流されなくなる。

(3) 学級の雰囲気が良くなる

学級の雰囲気が良いとは，生徒が安心して学級に居られる，自由な雰囲気のなかにルールがあるということである。

友達の存在を意識するようになり，気遣いができるようになる。

誰かの行動に対して反応しようとする雰囲気が見られるようになる。

学級に安心感が見られ，何ごとに対しても前向きになる。

「もっと大きい声で返事をしよう」と言っても，以前は反応がなかったのに，SGE をやっていくと大きい声を出すようになる。教師が「静かにしなさい」と言わなくても，みんなが学級の雰囲気を感じ自然と静かになる。SGE によって他者との良好な関係ができたからである。

教師が育つ

(1) リーダー性が育つ

國分流の SGE は，エクササイズを始めるとき，必ずねらいを明確に伝え，デモンストレーションをする。テンポよく歯切れがいいので生徒はわかりやすい。だから，生徒はリーダー（担任）の言うことをよく聞くようになる。リーダーに SGE のインストラクションの方法が身につくと，集団の動かし方が身についてくる。すると，生徒は不安なく教師の指示に従う。この繰り返しがリーダー性を育てる。

(2) 学級集団をまとめることができる

　学級担任は，学級活動はもちろんSGEをやるときも学級を1つの方向に向けなくてはならない。繰り返しエクササイズをしていくうちに，学級をまとめることができるようになるし，生徒の様子を見ながら，学級全体を動かすことができるようになる。A先生は，エクササイズの方法を説明したときに，生徒たちの顔を見るとわかっていないと感じたので，もう一度全体へ具体的に指示をしたなどである。

(3) 生徒一人一人を大切にできる

　生徒は，普段の授業や係の仕事で，「できた」「できなかった」と評価されていると感じている。

　しかし，SGEでは「感じた」「うれしかった」「びっくりした」など，自分の感情をわかってもらえる機会が多くなり，それが安心感につながる。

　シェアリングを大切にしていくことは，生徒個々の感情を大切にしていることと同じである。リーダー役の先生が，その生徒の感情を尊重するので，生徒は「この先生は自分を大切にしてくれる」と感じるようになっていく。また，終了後，シェアリング票（振り返りワークシート）を見て生徒に一言声をかけていくと，生徒は「先生は，私のことを気にかけてくれる。心配してくれる」と気づく。

(4) 多角的に生徒を見ることができる

　SGEをしていくと，今まで見ることがなかった生徒のさまざまな行動や思い，考え方を知ることができ生徒理解が深まる。

　その分，教師自身のものの見方も広くなっていく。

実践例 ●●● 教師風な価値観が変わった

　エクササイズ「もしなれるなら，何になりたい？」（拙著『どんな学級にも使えるエンカウンター20選』図書文化，64頁参照）を実践したB先生の話である。

学級でこのエクササイズをするとき、いつもデモンストレーションで「ライオン」と答えた。その理由は「百獣の王だから」「強いから」である。おそらくそこには、教師たるもの、また私の人生は「強くなくてはならない」というイラショナルビリーフ（不合理で、人を幸せにしない思いこみ）があったのだろう。

しかし、B男がなりたい昆虫に「ごきぶり」と答え、「すばしっこい。人の食べものをなめておもしろい」と答えたとき、ホンネで自己開示するすばらしさを感じた。「ああ、私もこんなスリルを味わう人生を歩みたい」と思った。B男と一緒にエクササイズをやらなければ、模範的なことしか言えない人間のままであっただろう。

(5) 人間性に幅ができる

筆者は、生徒のシェアリングを聴くとき、「どんなことを言うのだろう？」とわくわくしながら聴いている。毎回毎回、「そんな考え方もあるんだ。あ、そうか。そうすればいいんだ」と思う。シェアリング後、筆者も生徒の言ったことを取り入れてみようと、学ぶことは多い。

体験例 ・・ **人間理解の幅が広がった**

國分先生主催のSGE研修会に筆者が参加したときのことである。

沖縄出身のリーダーがペンネームを「なんくるないさ」とつけた。

「気にすることはない。何でもなんとかなるさ」という意味だと聞いた私は、なんといいかげんな人だろうと思ったが、2泊3日のワークショップのリーダーぶりには感心した。どんな難問も國分先生に相談しながら、問題から逃げることなくリーダーの責任を果たしたからである。

いろいろな見方ができたり多様な価値観が理解できると、教師自身が生きやすいし、生徒一人一人を生かしていくことができると感じた。

第2節 学級集団の土台を固める

集団がさびつかないためのかかわり活動

学級集団は,意図的に作られた集団である。

嫌いな人も,一緒に入りたくない人も入っている,雑多な集団である。

だから,常に目的意識を持たせ,学級をまとめようとしないと,バラバラになってしまう。

学級集団は,問題が起きていないからと放っておくと,さびついて集団として機能しなくなってしまう。

だからメンテナンス(maintenance:維持,管理,保守,点検)が必要である。

それには,学級集団が,1つの目的に向かって進んだり,関係を深める「かかわり活動」が必要である。このかかわりは,人間と人間との触発であり,そこから大いなる人間成長を遂げることができる。

《かかわり活動の例》
- どんな体育祭にするか話し合う
- 合唱コンクールに向けて練習をする
- みんなで楽しいレクをする
- 学級の問題点をあげ,みんなで改善点を考える
- 自分の目標や夢を話し合うSGE

感情交流と被受容感

SGEには他の活動にはあまりないシェアリング(感情表出・感情交流)があり,自己開示,自己発見,特に,他者から受容される体験(被受容感)がある。被受容感があると,安心して前向きになれるから,他者を思いやる雰囲気の良い学級集団に育つ。

第3節 かかわるチャンスを意図的につくる

最初のお膳立ては教師の責任

　学級開きの4月は，学級担任が学級の子ども同士がかかわるチャンスをつくる必要がある。

　「かかわるチャンス」を教師が意図的につくっていかないと，同じ学級の友達とはいえ，話もせず何も知らないままの状態が続いてしまいやすい。

　また，人間は，相手が何を考えているかわからないと不安になり，攻撃的になったり排斥したりしやすい。同じ教室の友達でも同じである。昔の学級は，自分たちで何かをしたり，学級のリーダーが仕切って学級をまとめたりしたが，今はあまり見られない。だから，学級開きや行事へ取り組む最初に，学級レクやゲーム，SGE等，学級担任が「かかわるチャンス」をお膳立て（計画・仕組む）したい。

　中学校では体育祭が近づくと，学級対抗リレーに向けて朝7時過ぎからリレーの練習をし，球技大会が近づくと，みんなでバレーボールやサッカーの練習をする。合唱コンクールが近づけば，放課後パートに分かれて練習をする。このように，学級の友達と一緒に活動するチャンスがあるとよい。

　今の子どもを観察すると，放課後の時間は部活動，クラブチームの練習，塾，習い事等で忙しいから，帰りの学活で「さよなら」を言うのと同時に他人になってしまう。仲間関係ではなくなるのである。

　教室の中でも仲の良い友達や気の合う人とは話すが，他の人とは話さない。あいさつすらしない生徒もいる。教師が学級全体でかかわるチャンスをつくらないと小グループ化し，いじめが起きやすくなる。

　人間関係づくりが必要と言われるようになって久しいが，それにはSGEを勧めたい。なぜならSGEは人間関係づくりだけでなく人間成長も望め

るからである。

学級の実態に合わせて，担任がリードした活動を

　ゲームは，学級全体で楽しくでき一体感を得ることができる。4月の学級開きのときや，定期テスト後などリフレッシュしたいときに実施すると効果がある。

　グループワークトレーニング（GWT）は，協力や助け合いがテーマになっている。繰り返して行うと，友達と協力できるようになる。しかし，自ら進んで話しかけたり協力しないと達成できない課題解決型ゲームなので，発達障害の生徒がいたり，いじめがあったり，グループ化が進み荒れ始めている学級では難しい。

　SGEは，ゲームやグループワークトレーニングと同じように楽しいエクササイズを行うが，その学級の状態に合わせたエクササイズで進めることができる。また，SGEはシェアリングがある。自分の感情を言ったり友達の感情を聞いたりするので，関係づくりだけでなく人間成長を望むことができる。

　人間関係づくりをするには，「かかわるチャンス」をできるだけ多くすることである。若い教師は子どもに「もっと一緒に遊びなさい」と口で言うだけでなく自ら一緒にかかわる教師になってほしい。

　また，スポーツ大会は得意不得意があり，楽しめないどころか苦痛に思う生徒もいることを知っておきたい。

　初期の人間関係づくりなら，対人関係ゲーム[*]もお勧めである。筆者も体験してみたが，誰でもそのゲームにすんなりと入りやすい。SGEだけが良いという発想ではなく，学級の状態，子どもの状態，実施する時期，実施できる時間等，考えながら学級づくりの技法を取り入れていくとよい。

＊田上不二夫編『対人関係ゲームによる仲間づくり』金子書房　参照

第4節 表現力をつける

　自分が感じたり気づいたことを表現する力が大切である。
　しかし，中学生で教科の学力がかなり高くても，SGE のシェアリングでは自分の感じたことを言えない生徒もいる。
　エクササイズ後「感じたこと，気づいたこと」を書かせたところ，「とても参考になった。ためになった。このエクササイズをやってよかった。これを生かしていきたい」と書いた生徒がいた。そして，次回のエクササイズのシェアリングでも同じように書いていた。また，エクササイズの流れを書いている生徒もいた。
　SGE ワークショップで，このような受講生がいたとき，國分先生は，「君の感じたことがわからない。君のフィーリングは，グッドフィーリングか，バッドフィーリングなのか？　そのくらいなら言えるだろう」と応えやすい質問をした。受講者が「私は気分が悪かった。腹が立った」と応えたところ「それでいい」と，感情を端的に言わせていた。
　「もやもやしている」「腹が立っている」など，感情をクリアに言わせると，自分の感情がわかるようになり気持ちがすっきりしてくる。そうすると，自分の感情を口に出し言えるようになり表現力が増していく。
　感情表現を大切にするのが SGE である。

感情を表現する

第5節　こんな教師にこそ SGE がおすすめ

集団の良さを味わった経験がない教師

　中学生のとき，自分の学級が「学級崩壊」だった人が今教師になっている。友達と一緒に行事に燃えた経験がない，学級集団の醸成の体験がない，集団のあたたかさを感じたことがない。いじめにあい，1人でこつこつ勉強して進学高校へ進み教師になった人もいる。

　「勉強を教えることが好き」という教師もいる。それは，とても大切なことであるが，日本の小中学校では，学級集団を任され学級担任になる。

　このような教師にこそ，集団のあたたかさやどうやったら友達から自分は受け入れられたり認められていると実感できる（他者の被受容感）かを体験してほしい。今の子どもたちは「被受容感」を感じられなくてどうしたらいいか悩んでいるのだから。これには SGE が効果的である。

50歳前後のベテラン教師の落とし穴

　現在50歳前後のベテラン教師が教師になった頃は，まだ不登校やいじめの問題は多くなかった。学級は，良い意味で放っておいても生徒たちが自然と協力して助け合い，まとまり醸成された学級になっていった。その頃の教師は，その良い経験が残っていて「学級は放っておいても自然とまとまっていく」と思っている。「中学生はもう大人だ，むやみに手を加えないほうがいい」と思っている教師も多い。

　しかし，今の時代は，学級担任が意図的に生徒同士がかかわるチャンスをつくっていかないと，生徒だけでは友達をつくることができない者もいる。ベテラン教師の学級が崩壊した例を聞くが，そんな教師にこそ，SGE はおすすめの活動である。

第2章　子どもと教師が育つSGE学級経営の急所とは

第6節　SGE「友達の良いところ探し」で学級づくり

「友達の良いところ探し」は基本のエクササイズである。

長年SGEを実践してきたが，生徒たちに最も人気があり，どんな学級にも使え，どの先生もうまくいくエクササイズである。継続することで人間的成長が見られ，学級づくりに非常に効果がある。（第1章第6節参照）

繰り返し継続すると，こう変わる

(1) 困った学級でも，生徒の抵抗にひるまず実践する

「友達の良いところを見つけて書いてみよう」「どんなことでもいいよ。小さなことでもいいよ」と促す。

しかし生徒同士がうまくかかわれない「困った学級」では，友達の良いところをなかなか探すことができない。「あいつに，良いところなんてない」と言ったりする。それでも，「はい，やるよ」「先生はやりたいなあ」とさらっと言ってやるとよい。

生徒は，友達よりまず自分がほめてもらいたい，また，自分が友達にどのように見られているか心配している。ほめられた経験も，ほめた経験も少ない生徒が多い。だから，ほめられても「しらじらしい」「うそっぽい」と言う。しかし，エクササイズで書かれた自分の良いところを見て，「いっぱいいいことが書いてあった」「こんなにほめられたのは初めて」など，自分がほめられて満足感や安心感を味わっている。

(2) 継続すると「認め合う」関係へと変化していく

「友達の良いところ探し」をグループのメンバーを替えながら続けていくと，4～5回目くらいから生徒に変容が見られる。「自分がほめられるだけでなく，友達の良いところを見つけてあげたい」へと変わってくる。良いところを見つけるために友達をよく観察するようになる。そうすると，

友達の良いところを探そう！

ねらい　・友達の良いところを見つける。
　　　　・友達から教えてもらった自分の良さを見ながら，自分をふり返る。
「君のここが良い！　すごい！　かっこいい！　好きだ！」と直接は言いにくいけれど，紙に書いてだったら言える。この紙を回して書いて教えてあげよう！

次のことを徹底しよう。
　○**先生の指示に従う**　　○**良いところを具体的に書く**　　○**ふざけたことは絶対書かない**
実施方法
　①自分の名前を大きくていねいに書く。
　②5人の班になる。
　③1人の友達に書く時間は2分です。たくさん書いてあげよう，書かないのは失礼だ。
　④書いた後，自分の名前を書く。

名前　_____

☆友達の良いところを書いているとき，また，友達が書いてくれたのを読んで，感じたり，気づいたことを書こう。

-------------------- こ　の　線　で　折　る --------------------

-------------------- こ　の　線　で　折　る --------------------

-------------------- こ　の　線　で　折　る --------------------

-------------------- こ　の　線　で　折　る --------------------

-------------------- こ　の　線　で　折　る --------------------

学級でのよそよそしさが減り，協力し合うようになる。自然と友達の役に立つことをしたがるようになり，友達に感謝される場面が増え，良い気持ちになる回数が増える。

ほめられ認められる体験を繰り返していくと満足感が生まれる。「ほめられたい」という思いが，「自分をほめてくれた友達をほめてあげたい，認めてあげたい，好きだ」に変容していく。

(3)「認め合う」関係が相乗効果を生む

「ほめる」ことを重ねていくと，ほめなくてもその友達の存在を「認め合う」ようになる。一緒にいるだけでも十分仲が良い感じである。そうすると，さらに親しくなる。あいさつも多くなり，会話も増えてくる。冗談やたわいもない話も増えてくる。安心できる状態である。安心感があると友達に自分の考えを伝えようとしたり，相手を思いやるようになる。友達をよく見て，応援したり助けたり協力し合うようになる。学級の仕事も，教師に指示されないとやらなかったり嫌々やっていたのが，気持ち良く進んでやるようになる。友達からお礼を言われたり，友達や学級のためにやったことをほめられて「心地良さ」を感じてくる。他人のために行ったことに「心地良さ」を感じていく。そこには「感謝」の心がある。

こうすれば継続できる

1年間「友達の良いところ探し」を継続すると，ほめてもらいたい自分から友達をほめてあげたい自分に変わる。つまり「友達を助ける」ことが楽しくなる自分へと成長していく。教師は，時間をつくってエクササイズ「友達の良いところ探し」を続ければいいのである。

次のことに注意して，「友達の良いところ探し」を実践し続ける。

(1)「友達の良いところ探し」を年間10回を目標に継続する

50分のエクササイズを年2回，ほかは「帰りの学活」の短時間を利用して実践する。

(2) 最初の「友達の良いところ探し」をていねいに行う

　1回目のエクササイズには，50分間を当てる。このエクササイズで「友達の良いところ探し」の流れをしっかりつくる。生徒はやり方がわかると，短時間で自分たちで進めることができるようになる。

(3) エクササイズ名をTPOに応じて工夫する

　内容は同じ「友達の良いところ探し」であっても，場面や目的に応じてエクササイズ名を工夫すると，新鮮味があり興味の湧くエクササイズになる。

　例
　・「班の友達，ありがとう」→班変えをするとき，今までの班で
　・「体育祭で輝いた君へ」→体育祭終了後
　・「君の笑顔と歌声はサイコーだ」→合唱コンクール後
　・「君がいるから3Aはすばらしい」→仲良くなってきたとき

(4) 時間を守る

　初めてこのエクササイズをやるときは，「良いところ」といっても何を書いてよいかわからず「頭がいい」「やさしい」しか書けず，時間をもてあます生徒もいる。しかし，だんだん慣れてくると何を書いたら喜ばれるかわかってきて，たくさん書くようになる。エクササイズ中に「もっと時間がほしい」と言うようになるが，筆者は1人2分と決めたら必ずその時間を守るようにしている。最初に決めた時間で進めていき，次のように付け加える。「私たちの人生は，いくらでも時間があるわけではない。時間は有限である。その中で時間を有効に使わなくてはならない」と伝える。A子のときは長くC男のときは短くなど，不平等にならないようにしている。

　また，できる限りいろいろな人とグループになるようにしている。生徒にとっては，気の合わない人と一緒になり，我慢の時間になるときもある。エクササイズ終了後，そのような生徒に「『D男君とは一緒にできない』と

言っていたけれど，できたじゃないか。2分なら我慢できるんだね。得るものもあったね」と声をかける。

リーダー（教師）が時間を守らず延々と続けると，我慢してやった生徒は「もう，いやだ」と二度とやらなくなってしまいやすい。時間管理はリーダーの仕事である。

(5) 行事や学級生活を活用する

「友達の良いところ探し」は，学校行事や毎日の生活をエクササイズと考えればよい。行事後に「友達の良いところ探し」をすると予告しておく。

(6) 人間関係が小グループで凝り固まっているなら，エクササイズを同じグループでやり続ける

いろいろな人とエクササイズをすれば，それだけ自己理解や他者理解が進む。SGE では「ペアリング（同じ人と同じグループになること）を避ける」が基本であるが，困った学級では，仲良しグループを解体するのが無理な場合がある。そんなとき筆者の経験では，同じ人と同じエクササイズを続けていくと，飽きてきたり物足りなくなってくるので心配ない。

実践例 ●・ 小グループに固まっている学級

男子も女子も小グループに固まっている学級で，「友達の良いところ探し」を試みたがグループ分けができなかった。そこで，最初は，仲の良い者同士で行わせた。小さいグループは3人，大きいグループは7人である。友達から良いところを伝えてもらい生徒は満足していた。「友達の良いところ探し」をまたやりたいと言うので，前回と同じグループで行った。最初のときのような「ときめき」はなかったようだ。さらに2週間後，同じグループで「良いところ探し」を行った。生徒から「つまらない，違う友達がいい」と言ってきたので，仲の悪くない小グループ2つを一緒にして，違う友達と「友達の良いところ探し」を行った。

このような学級で，SGE はできないと短絡的に結論を出すのではなく，

その学級の実態に合わせて工夫することである。「ペアリングはダメだから，この学級ではSGEができない」ではなく，どういう方法ならこの学級でSGEができるかを考えていく。

シェアリングが人間的成長をもたらす

　SGEはエクササイズ後に「シェアリング」を行う。シェアリングの良い点は，他者の感情を聞いて気づきが生まれ，認知の拡大・修正が生まれるところである。自己開示・自己主張・自他理解が深まっていくと，どうすれば友達とうまくかかわれるか，自分なりに考えるようになる。

　また，エクササイズで偶然同じグループになり，一緒に活動して相手の様子がわかってくると，「すました嫌なやつと思っていたが，けっこうおもしろいところがある」「いつも大声でいばっていると思っていたが，お母さん思いなんだ」などということになる。そうすると，同じ学級であまり好きではないと思っていた生徒にも，「おはよう」のあいさつをするようになる。その気づきはシェアリングから生まれるのである。

> **実践例** ●● シェアリングで友達の感じたことを聞いて

　父の日の1週間前，お父さんに贈るプレゼントを考えるエクササイズ「私のプレゼント」を行った。エクササイズ後，3年生のE男が次のように担任に話した。

　父はいつも帰ってくるのが遅いし，顔を合わせれば「勉強しているか」ばかり言うので，嫌な父に贈るものなんて「何もない」と書いた。
　エクササイズは，つまらないというより不愉快だった。
　シェアリングのとき，同じグループのF男君が「父はいつも夜遅く帰ってくるので，あまり話さない。ところが，先日，初めての進路調査でどの高校を書こうか迷っていると，突然，父が『おまえの好きな高校へ行けば

第2章 子どもと教師が育つSGE学級経営の急所とは

いい。私立でも学費は心配するな』と言ってくれた。おれは高校進学はあたりまえと思っていたが、お金がかかることに気がついていなかった。別に私立高校へ進学するつもりはなかったけれど、『オヤジはおれのことを心配してくれているんだ』とそのときに気づいた。だから、プレゼントは、『ゴルフの靴下』と書いた。メッセージは『この靴下でいいスコアを出してください』」と、はずかしそうに言った。F男君の父は、僕の父と同じだ。でも、僕は気づかなかった。エクササイズはつまらなかったけれど、シェアリングで父に対しての感謝の気持ちが湧いてきた。

　友達の感じたことを聞いて気づき、他者理解、自己理解が深まるのがSGEのシェアリングである。ゲームやレクリエーション、グループワークトレーニング等のグループワークでは、この気づきは生まれにくい。

【参考文献】明里康弘「1つのエクササイズを繰り返して育てる自己肯定感と思いやり」諸富祥彦編『中学校　こころを育てる授業ベスト22』図書文化，37-46頁

第3章

どの先生もうまくいく
エンカウンター20のコツ

> 　エンカウンターを学級経営に活用して溶かし込んでいくと，学級がしだいにまとまっていく。
> 　この章では，どの先生もうまくいく，エンカウンター実践のコツを伝えたい。エンカウンターの理論ももちろん大切だが，それ以上にエンカウンターを行う先生の心構えや身の回りの環境を整えることも大切である。
> 　エンカウンターの20のコツを実践すると，エンカウンターがやりやすく，長続きする。学級での活動が楽しくなり，先生自身も大きく成長していく。

第3章　どの先生もうまくいくエンカウンター20のコツ

本物のエンカウンターを体験する

　構成的グループエンカウンター（以下，SGE）に限らず，何でも本物にふれたり本物を体験することが，その道に近づく早道である。
　まずは，本物のSGEを体験すること。本物のSGEとは，國分康孝先生と久子先生がスーパーバイザーをするSGEのことである。

國分康孝先生・國分久子先生主催のSGE体験に参加する ───●

　國分康孝先生と國分久子先生主催のSGEワークショップに参加するとよい。國分両先生は，1974年，アメリカから帰国してからずっとSGEワークショップを開催している。現在も年数回のSGEワークショップがある。
　特に，宿泊を伴う体験コースに参加し，自分の感情・思考・行動の変化や動きを味わうことをお勧めする。その理由は大きく2つある。
(1) 理論と体験が一致する
　國分先生のワークショップへの参加は，エンカウンターの理論本を読むことが条件となっている。理論を学んだ状態で実際にエンカウンターを体験してわからないことを聞くことができる。
　エクササイズを終了後，國分先生は「今は，この理論に基づいている」「アメリカの心理学者の誰々がこう言った」など，行動に対する理論を伝えてくれるのである。
(2) リーダーのあり方がわかる
　國分先生のふるまいを見て，SGEのリーダーのあり方を学ぶことができる。自分が学級担任としてどのようにSGEを進めるとよいかが具体的

にわかる。

①指示が明確でわかりやすい

　先に結論を端的に述べ，その理由を具体例をあげて明確に述べているのでわかりやすく納得しやすい。

②説明がわかりやすい

　AかBかを選択しなくてはならないとき，國分先生自身の体験とSGEを支える理論から説明されるので，参加者にとっては明快な説明をしてもらったと感じる。

③良質な師弟関係を体験できる

　國分先生は歯切れ良く指示する。わかりやすいから安心感を抱きやすい。ときには師の座から降りて1人の人間として自分自身のことを語る。だからSGEのワークショップでは，存分に信頼できると同時に畏敬の念を持つことができる。非常に良質な師弟関係を体験できる。

日本教育カウンセラー協会主催のワークショップに参加する

　國分先生主催のワークショップに参加できないときは，NPO日本教育カウンセラー協会主催（都道府県教育カウンセラー協会主催）のエンカウンターワークショップに参加する。なぜなら，國分康孝先生の思想哲学を学んだ者がリーダーを務めるからである。

　本で理論から学んでも，実際のやり方は学級担任が工夫しなくてはならない。國分流をまねて自分の学級に合わせて工夫してやるほうが労力が少ないし失敗が少ない。また國分SGEワークショップに参加すると，日本全国から参加しているのでSGEの仲間ができる。情報交換もできる。

コツ① 「私は学級のリーダーである」と自覚する
―リーダーとは,集団を束ねる人―

集団に責任を持つ

「私はこの学級のリーダーである。責任者である。SGEの時間に起こったことは私が対応する。私がこの学級を守る。私は,生徒を成長させるためにSGEを行う」という自覚が必要である。そのうえで,どんな考えで学級経営を行うのか,どんな学級にしたいのかを考える。「よい学級とは?」と,自分の思いを具体的な言葉で突き詰めていく。例えば「楽しい学級にする→楽しいとは,みんなが仲良く活動すること→仲良く活動する→そのために何をするか→まずは学級のみんなを知ること」である。だから最初のエクササイズは,自己紹介のエクササイズをする,など。

研修会で体験することとリーダーの違いを押さえておく

SGE研修会に参加して「自分の学級でもやってみよう」と思う先生が多い。学級でSGEを行うときに押さえておきたいことがある。
①立場が,「体験する人」ではなく「リーダー」である。
②相手が,大人ではなく子どもである。
③自ら進んでやろうとした者ばかりでなく,学級には「SGEなんてやりたくない」と思っている者もいる。

自分の体験を大切にSGEは生徒が成長できることを確信して実践していく。

> **ポイント** 生徒が成長できることを確信して実践する。
> ・学級の生徒全員に目配り。
> ・自分が体験してきたことに自信を持つ。

コツ② エクササイズのねらいを黒板に1行で書く
―やることが具体的で明快になる―

「今,何をするか」具体的に,明確に行動目標で示す

本日のエクササイズのねらいを明確にする。

生徒が何をすればよいか,具体的にやることを明確にする。そのためには,黒板に1行で行動目標を示す。例えば,「友達の良いところを3つ以上探す」「自分のなりたいものとその理由を書く」「友達の発表を聞く」「自分の好きなものを書く」などである。

そのときに,余分なことは言わない。最小限にする。わかりやすくしようと,ていねいに細かく説明するリーダー(教師)がいるが,説明が多いと生徒は何をしたらいいかますますわからなくなってしまう。ねらいをシンプルにする。

エクササイズのねらいは『教師のためのエンカウンター入門』(片野智治著,図書文化)で,次のようにある。

「心理教育的な課題で6つのねらいを持っている。①自他理解,②自己受容,③感受性促進,④自己表現・主張,⑤信頼体験,⑥役割遂行等である。また,SGEは,行動の変容が起きるのをねらいとしている。そのためには,思考,行動,感情の変容を起こすことである」

これは総括論であり,生徒には「今,何をするか」を行動目標で示す。

ポイント　何をすればよいか,黒板に1行で示す。
・ねらいはシンプルに。
・行動目標は具体的に。

コツ 3 インストラクションは5回練習して教室に行く
―わかりやすくムダがなくなる―

インストラクションは簡潔明瞭に

　リーダー（先生）が生徒へ，エクササイズの目的，方法，留意点を教示することを「インストラクション」という。簡潔明瞭がコツだ。

　教師がSGEのリーダーを務めるときは，暗記するくらい，少なくとも5回は練習して生徒の前に立ちたい。

　特にエクササイズのやり方を必ず見せる。

　デモンストレーション（デモ）である。

　生徒はやり方がわかると，これからやるエクササイズのイメージが湧いてやりやすくなる。反対にデモを見せないと，教師の考えと生徒のすることにズレが起きる。さらに，やり方がわからないと「どうやるかわからない。難しそう。やりたくない！」と抵抗も起きる。デモは生徒へのお手本なので，リーダーは次のことに注意して行う。

(1) デモはリーダー自身の体験を通して行う

　　生徒に親しみが湧き，やりやすくなる。「あんなふうにやればいいのだ」と思わせたい。

(2) リーダーがデモをするとき，「照れるなあ」「デモなんて本当はやりたくないけれど」「自分のことで恥ずかしいけれど」などと絶対に言わない

　　生徒からすれば，先生が恥ずかしいことや自分が嫌なことを生徒にやらせる「嫌な先生」と，抵抗を起こしやすい。

　　例えば，「私のしたいこと Best 5[*]」のデモをするとき。

　　「私のしたいことは，旅です。日本よりも海外に行きたい。

　　場所は，東南アジアです。

> 私のしたいことは…
> だいぶんノリノリだ
> もう5回目のリハーサル

アンコールワットの世界遺産を見る。

次にそこに住んでいる人の食べ物を食べたい。

ホテルより，そこに住んでいる人の家に泊まってみたい」など。

「君たちに話したい‼」という気持ちを前面に表し，堂々と楽しくノリノリの気分で，自分自身の具体的な話をする。

デモを練習していくと，内容にムダがなくなる。内容が精錬され具体的な話ができるようになる。さらに「え～と，あの～」などの言葉がなくなり，生徒は聞きやすくなる。また，自分がおよそ何秒話したかわかるようになり，時間の進め方もうまくなる。

＊「私のしたいこと Best 5」は拙著『どんな学級にも使えるエンカウンター20選』図書文化，66頁参照

ポイント　リーダー自身の自己開示。
・デモは，具体例で堂々とムダがなく楽しくノリノリの気分で行う。

コツ 4 シェアリングはできる方法で必ず行う
―シェアリングをするためにエクササイズをする―

シェアリングは学級の実態に合わせて

SGEでは，エクササイズの後「シェアリング」を行う。シェアリングとは「分かち合い」を意味し，エクササイズを通して感じたり気づいたことを言葉にして，自分のことや友達のことを本音で伝え合い共有すること。

シェアリングは，SGEで最も重要な「いのち」の部分だと考える。

シェアリングについては，『教師のためのエンカウンター入門』（片野智治著，図書文化，61頁）がわかりやすい。

シェアリングを行うから，感じたことや気づいたことが明確になり自己洞察が深まる。そうすることにより人間成長が促され，人間関係が深まっていく。この点が遊びやゲームと違う点である。

(1) 子どもへ「シェアリングの説明」

私は以前は，SGEでシェアリングのことを，生徒に「振り返り」と伝えていた。しかし今は，「シェア」の意味や大切さを訴え，シェアリングの意味を正確に伝えるため，中学生にSGEをするときも「シェアリング」と呼んでいる。

「シェアとは，『分かち合う』という意味です。みんながエクササイズで体験したことを分かち合うことです。エクササイズで感じたこと・気づいたことを出し合います」と説明する。

(2) シェアリングと反省会

SGEの授業研究のエクササイズ後に「エクササイズの反省をしましょう。良かったことと反省点を出し合いましょう」と進めていた教師がいた。

これは，シェアリングではない。

①書く　　　　　　　②班内で　　　　　　③学級全体に

シェアリング票
たのしかったですか ├─┼─┼─┤
感じたこと
気がついたこと

ぼくたちの班では……

　シェアリングでは，エクササイズを通して感じたことや気づいたことを出し合う。
　良かったこと，改善することの話し合いは，行事の反省では必要だが，SGEのシェアリングはそれをねらっていない。

実践例　●●　シェアリングによって学級に復帰したA子

　SGEを継続することにより，いろいろな見方ができるようになり学級に復帰したA子の例である。
　いじめで教室に入れなかった中学3年生のA子と4人の生徒と一緒にSGEを週1回1年間続けた。卒業間近の2月からA子は教室に入った。
　卒業後A子がくれた手紙には次のように書かれていた。
　「自分や友達の良いところ，そして感謝の気持ちなど多くのことに気づく機会を与えていただきました。最初は，何も言えなかった。しかし，シェアリングがあり，エクササイズをやって考える時間があった。黙っていると，『言葉が見つからないのかな』と。『良かった』と言うと，『そう，良かったんだ。それは良かったね。何が良かったのかな』と聞かれ，少しず

第3章　どの先生もうまくいくエンカウンター20のコツ

つ言えるようになり，今年になると何でも言えるようになり心がワクワクしました。私にしてくださったように，不登校の生徒に希望を与えられる先生でいてください」

　シェアリングによって，A子は，認知の修正ができたり拡大ができていったのである。

(3) シェアリングの方法

　シェアリングは学級の実態に合わせて行う。
　次のやり方でやるとうまくいく。
　①時間を確保する
　　逆算して，今日のシェアリングは何分必要か考えてから，エクササイズの進行を決める。そしてシェアリングの時間は，「ちょっと余るかな」ぐらいに取っておく。余ったら，リーダー（先生）のシェアリングをすると決めている。
　②シェアリングを書く
　　シェアリングがうまくいかない学級は，まずは，「書くこと」をお勧めしたい。「書いたことを読むだけでもいいよ」と言うと，ほとんどの生徒が発表できる。その発表を聞いて「感じたこと，気づいたこと」を，また書いて発表していくと，徐々にシェアリングが深まっていく。

ポイント　シェアリングはさまざま。学級の実態に合わせて必ず行う。
　　①生徒個々が「シェアリング票」に書く。
　　②班内で発表する。
　　③班の1～2名，学級全体に発表する。
　　学級の実態に合わせて①だけの場合，①②の場合，②③の場合，①～③までの場合など。

コラム1

時間管理はリーダーの責任

　特別活動や道徳の校内研修会の講師でSGEの授業を見させていただく機会がある。

　中学校の授業時間は50分である。ほとんどの先生に共通していることは，「教師のはじめの言葉が長い」，「ウォーミングアップが長い」などがあげられる。

　延々とウォーミングアップをやり，気がつくと授業時間の半分近くが過ぎている。先生が頑張って準備してきたのだろうと思う。

　ゲーム性の高いSGEだと，エクササイズだけで時間が終わってしまったことがある。シェアリングをしないで終了である。

　終了後の授業反省会で，授業者が「楽しくやれたから良かったと思います」と語ることがある。それは，教師の自己満足である。

　SGEは，教師が構成する。時間管理は，リーダーの責任である。遊びやレクのようにエクササイズだけで終わりにせずシェアリングまでやってほしい。

　リーダーは時間管理の責任がある。

コツ 5 ワークシートを活用する
―流れがわかり安心できる―

ワークシートを使うとうまくいく

ワークシートを活用すると次の点でやりやすい。

(1) 生徒が何をするかわかりやすい

ワークシートに，①ねらい，②やり方，③内容，④シェアリングの方法などを順に載せる。生徒はその順にやればよいのでわかりやすい。教師にとっては，授業の指導案のようなものである。

(2) 学年一斉に使いやすい

学年経営に取り入れてSGEを行うとき，1枚のワークシートで全学級に使えるので学年全体が足並みをそろえることができる。ベテランも若い先生も同じ歩調でできる。次回使うこともできる。準備が簡単である。

(3) シェアリングをしやすい

エクササイズで何をしたか，ワークシートを見ながらなら思い出して，シェアリングをすることができる。

(4) 終了後，確認でき，事後指導に使える

ワークシートの最後に，楽しかったか，簡単だったか，感じたこと・気づいたことを書かせ，終了後に目を通す。つまらなかったとか，意外なことを書いていた生徒に簡単な面接をする。気になる生徒にも声をかけ，ほめたり認めたり，書いていたことを聞くことで，生徒の気持ちを整理してあげることができる。

🌼 **ポイント** 　ワークシートにエクササイズの流れをわかりやすく書いておく。
・ねらい，やり方，内容，シェアリングの方法を順番に。

これさえあれば，パラダイス！

パラダイス（paradise）！よく聞く言葉ですが，日本語に訳すと極楽，楽園の意味です。さあ！ あなたは，何があるとパラダイスですか？ 指示されたものの中から考えてみましょう。そして，理由を具体的に書いてみましょう。

ねらい　自分の願望を知る。それを見て，自分を知る

　　　月　　日（　）実施・　　年　　組（　）名前

No.	これさえあれば paradise！	理由・コメント
例	食べ物・飲み物 ピザにコーラ	とろ〜りとろけたチーズピザとコーラがあれば，イヤなことをすべて忘れ，チョーごきげんになる。
①	食べ物・飲み物	
②	電化製品	
③	家	
④	もの	
⑤	学校	
⑥		

　　　　　　　　　　　　　　　　　　　　　　　とても　まあまあ　あまり　ぜんぜん
1　ねらいは達成できましたか。　　　　　　　　　　4　　　3　　　2　　　1
2　このエクササイズは楽しかったですか。　　　　　4　　　3　　　2　　　1
3　このエクササイズは簡単でしたか。　　　　　　　4　　　3　　　2　　　1
4　エクササイズをして，感じたこと・気づいたこと・新しい発見を書きましょう。

5　この授業で嫌なこと不愉快なことがあったら裏に書きましょう。

コツ 6 実践をほかの先生に話す
―自分のしたことを，より理解できる―

　SGEは，自分1人でしたり1学級でやるのではなく，学年会で話し合って「総合的な学習の時間」「特別活動」「道徳の時間」に一緒にやるとよい。しかし，なかなかそうはいかない学校もある。学級に任されてする場合も，「こんなことをしました」と何をしたかわかるように，学年の先生へワークシートを渡す。少なくとも学年主任には報告する。その理由は次のとおりである。

(1) SGEの良さを知ってもらう
　SGEを体験した先生ならSGEの良さはわかるが，そうでない先生にも，「学級で簡単にできて，生徒が楽しんで，学級がまとまる」SGEの良さを知ってもらう。

(2) 遊びと違うことを知ってもらう
　筆者は，社会科の授業の導入で行ったエクササイズのワークシートを担任に見せるようにしている。そうやって，先生方にSGEを理解してもらうように日頃から気を配っている。そうしないと「授業なのにゲームをさせている」とか「遊ばせているいいかげんな教師」と誤解されやすい。

(3) 生徒の良さを伝える
　「友達の良いところ探し」以外のエクササイズでも，SGEをやると生徒の良さがよく見えてくる。意外な面や新しい面も発見しやすい。それを職員室で「A組のA男君，こんなことにがんばっていますよ」「B組のB子さんのお母さんが入院して手術したので家事をやっているそうです」など，話題を提供する。
　学校は生徒の直すところや改善点を強調しがちである。もちろんそれも

大切なことである。SGEの話をするようになってから,生徒の良いことを話題にできるようになっていった。

> **ポイント**　ほかの先生にもSGEの良さを知ってもらう。
> ・学年主任や担任にシェアリング票を見せて報告する。
> ・職員室で,生徒の意外な面や新しい面の発見を話題に。

第3章 どの先生もうまくいくエンカウンター20のコツ

コツ 7　年10回実施の目標で進める
―エンカウンターが習慣になる―

SGEの効果を出すには数多く行うこと

　いくらリーダーが上手ですばらしいエクササイズでも回数にはかなわない。目安として，年10回を目標にする。「月1回」以上を目標にしたい。
　SGEを実践し「ああ，学級が良くなったな。SGEの効果かな」と感じるのは，10回以上実施した学級のときである。筆者は，困った学級のとき，掲示法も含めて1年間に35回実施したことがあるが，10月頃から学級の凝集性がぐっと高まっていった。35回といっても帰りの学活や掲示法を使うと簡単にできる。
　第1章で紹介した，年間を通しての「友達の良いところ探し」は，ほとんど帰りの会での実践である。帰りの会は短ければ6分，長くても13分。準備もしない。シェアリング用紙（振り返り票）を用意しておけばよい。
　1時間単位のエクササイズは年に2～3回すればいい。
　まずは年10回実施することを目標にする。
　ほとんど毎日SGEを行っている神奈川県の中学校教諭，石井ちかり先生の実践も，前述した「友達の良いところ探し」を毎日の帰りの会に取り入れたものだった。石井先生によると，給食の時間に生徒と一緒に給食を食べていると「先生，私，今日の良いところ探し，もうやっちゃった」，「おれだって探したよ」と生徒たちが言うようになったということだ。食べながら「今日は，C男君の良いところ見つけたよ。C男君の良いところを発見できるなんて，すごいでしょ」と，どんどん良いところを発見するようになった。
　そうなると，友達から良いことを言われてうれしいし，友達の良いとこ

ろを見つけて言ってあげたら喜ばれて,ますます自分がうれしくなっていく。相乗効果である。

このように,同じエクササイズや簡単なエクササイズでも回数を重ねるごとにシェアリングが深まっていく。ねらいに合わせていろいろなエクササイズをするのもいいが,同じエクササイズでも回数を重ねるとシェアリングが深まっていく。深まるということは,自己理解,他者理解が深まり,さらに自己洞察ができるようになることである。

実践例 ●● 子どもたちの変化は少しずつ

「私のしたいこと Best 5」を不登校の適応指導教室で行った。

5月中旬,D男がこの教室に入級してまだ1週間のとき,ワークシートには何も書かなかった。シェアリングの「感じたこと・気づいたこと」の欄も白紙だった。

6月中旬に同じエクササイズをした。ワークシートには,何も書かなかったが,シェアリングの「感じたこと・気づいたこと」には「みんなはすごい。たくさん書いて発表していた」と書いていた。

9月,再度同じエクササイズをした。そうすると,「猫をいじめたい。おれの布団によく来るから」と書いていた。4か月経ち,書いて発表した。後で「『いじめたい』って何をするの?」と聞いたところ,一緒にじゃれ遊ぶことだった。

同じエクササイズを繰り返すときは,タイトルを変えたり内容を少し工夫したり,班のメンバーを変えるなどの工夫が必要である。

ポイント エクササイズを数多く行う。
・短学活を活用すれば10回以上簡単にできる。
・同じエクササイズでも,内容やテーマを変えるなどの工夫をする。

第3章 どの先生もうまくいくエンカウンター20のコツ

コツ 8　7・5・3の法則
—目安があると判断しやすい—

困った学級でSGEをするとき，うまくいくかどうか心配である。
そんなときは，7・5・3を目安にするとよい。
7割・5回・3割である。
例えば，35人学級ならば，7割（35×0.7＝24人）で成功，5回までは楽しいエクササイズ，3割（35×0.3＝10人）で変更をめどにして実践する。

SGEの成功は，7割

学級の7割の生徒が「おもしろかった，またやりたい」と言ったら，今回のSGEは成功だと思ってよい。全員が「楽しかった」と応えなくても7割の生徒が良かったと言えば成功である。

生徒の中には，何をやっても「おもしろくなかった」と言う者もいる。全体として7割，しいて言えば，おとなしくて目立たない生徒，まじめな生徒，前向きな生徒が「良かった，楽しかった，ためになった」と言えば成功である。

5回までは，楽しいエクササイズをする

まずは，5回までは「楽しい」「役に立つ」エクササイズをする。
楽しいエクササイズとは，ゲーム性の高い，抵抗の少ないエクササイズのことである。楽しかったり自分にとってためになったエクササイズを体験すると，生徒は，またやりたいと必ず言う。困った学級でどんなエクササイズをすればよいか迷ったときは，拙著『どんな学級にも使えるエンカ

ウンター20選』(図書文化)を参考に選ぶとよい。

　この学級は協力性が足りない。もっと自己主張ができるようにしたい。学級が小グループに分かれている。だから，協力性を養うためにグループワークトレーニング的なエクササイズをしようと挑戦する先生が多い。しかし，それは残念ながらしらけて失敗に終わりやすい。

　最初は，ゆっくりと楽しく，かつ，ためになるエクササイズを5回行う。自己開示ができるようになってから，リーダーの意図するエクササイズをする。

3割の生徒が反対したらやめる

　エクササイズを行おうとしたとき，学級の3割の生徒がやりたくないと言ったらそのエクササイズをやめる。この学級の状態で，このエクササイズは不適切であるということだ。ほかのエクササイズに変更する。

　生徒の中には，何でも反対したり教師に逆らう者もいる。そのような生徒が「おれ，やりたくない」と言っても，そのようなときには「そうか，君はやりたくないのか。残念だね。(10秒後)さあ，みんなエクササイズやるよ！」と進めればうまくいく。それを「どうしてやりたくないの？じゃあ，何がいいの？」と聞いていると，学級全体のモチベーションが下がり，「できればやりたくない」生徒が増えて，一挙に3割を越えてしまう。これは，学級の雰囲気が「やりたくない」に流されてしまったのである。素直な生徒や前向きな生徒がやりたくないと言った場合は，理由を考える。案外，グループづくりを考慮するとうまくいく。

> **ポイント**　　最初5回までは楽しい，役に立つエクササイズ。
> 　　　　　　・7割「楽しかった」は成功。
> 　　　　　　・5回までは生徒の取り組みやすさを最優先。
> 　　　　　　・3割「やりたくない」はエクササイズを変更。

コツ 9 ウォーミングアップで安心感を持たせる
―安心感とは,「やってみたい」と感じること―

SGE をしたい心の状態をつくる

　エクササイズを始める前にウォーミングアップをする。特に新しいエクササイズや久々にエクササイズをするときは,ウォーミングアップをする。その理由は,

　①心の準備をさせる。レディネス[*1]ができている状態にする。
　②エクササイズをする意欲を高め,モチベーション[*2]を高める。
　③ウォーミングアップでグループをつくる。

　生徒は,エクササイズを始めるとき,わくわく感と同時に不安な心も持っている。私にできるだろうかと不安も持つ。そんな気持ちを払拭させる方法として,体を動かしたりちょっと楽しい時間をみんなで共有する。そうすることで,生徒に安心感を持たせ,それからエクササイズに入る。

　みんなで何かをワッとやったり楽しいことを一緒にすると,「もっとみんなと一緒にやりたい」という気持ちが湧いてくる。

　学級開きのとき,また,ゴールデンウィーク後や夏休み明けなど,長い時間が空いてしまったときには必要だ。それから先生が「はい,やるよ」と言っても,すぐ乗れない生徒もいる。特に,不登校の適応指導教室の生徒や発達障害の生徒に見られる。

　また,同じ教室で同じ友達と同じ先生が行う SGE である。前の授業で数学がまったくわからなかった生徒にとっても,たった10分の休憩後の SGE の時間は一変して本音を語る時間になる。心の準備をさせ,やる気を出すためのちょっとした工夫が必要だ。それがウォーミングアップである。

グループ分けにウォーミングアップを活用

　ウォーミングアップを，エクササイズに使うグループ分けに活用する。

　大人対象のSGEでは，「このエクササイズを行うのに，一緒にやってみようと思う人と4人組になってください。できるだけ，まだ一緒にやったことのない人と組んでください」と言えば，メンバーが気を遣い，今までやったことのない人と組むことができる。しかし，小中学校の子どもはそうはいかない。親しい友達と組んでしまう。そうならないためにウォーミングアップを上手に行い，グループづくりに役立てる。

ウォーミングアップのエクササイズ例

　時間がなくても簡単なウォーミングアップをしたいとき，筆者は「アウチ」[*3]を行う。「5人以上の人とアウチをしなさい」のように。そのほか，「フルーツバスケット」[*3]「木とリス」[*3]「ぴったんこゲーム」，人数が10人程度なら「ナンバーコール」[*3]「進化ゲーム」[*3]などを行う。

---

*1 レディネス（readiness）：準備ができていること。効果的な学習のために必要な条件が準備されている状態

*2 モチベーション（motivation）：動機づけ。人の行動を引き起こし，一定の方向に向かわせる一連の過程。試合などに臨む意欲

*3 「アウチ」「フルーツバスケット」「木とリス」「ナンバーコール」「進化ゲーム」などは本書67頁参照

❀ **ポイント**　エクササイズの前のウォーミングアップを工夫する。
　　　　　　・ウォーミングアップは短時間でする。

コツ10 エンカウンター仲間を持ち，広げる
―仲間がいると，やめにくく続きやすい―

● SGE仲間がいると続けやすい

　私がSGEを続けることができたのは，仲間がいたおかげである。

　國分先生のワークショップがいくら良くても，毎回参加できるわけではない。年に1回参加できれば多いほうである。

　國分先生のワークショップの受講者は，北は北海道，南は沖縄から参加している。親しくなって連絡を取り合ったり，エクササイズのやり方を聞いたり，新しいエクササイズを教えてもらったりすると励みになる。

　また，近くに仲間がいると続けやすい。筆者は，「ちばエンカウンターを学ぶ会」を立ち上げ，年3～4回勉強会を開いてきた。

　この会では，自分がエクササイズを開発したり，指導案を書いたり，自分の学級の問題点に焦点を当てたエクササイズを実際にやってもらった。

　すると，

①同じ志を持ちながら，学級経営に取り組んでいる仲間がいると思えば心強かった。

②会で自分自身がSGEをやることにより，自分自身を見つめることができた。他団体の主催するエンカウンターも含めると，年10回以上のエンカウンターを私自身が体験できた。すると自己理解が深まり自分がどんな人間か少しずつわかってきた。

③すばらしいエクササイズに出会うことができた。同じエクササイズでも，実践した先生の苦労話やちょっとした工夫を聞いてやってみようと思った。

④どんなエクササイズをしようか迷ったとき，この会の仲間に相談した

ら，すぐワークシートをコピーしてくれた。
⑤若い先生に相談され，あたりまえと思っていたことを説明することにより，エンカウンターに対する理論や思考が深まった。

エンカウンター仲間を持ち，広げる方法

(1) SGE関係の研修会に参加する
①インターネットで，「構成的グループエンカウンター」で検索すると，日本全国各地で開催されるSGE研修会がわかる。自分のねらいに合った研修会に参加する。
②日本教育カウンセリング学会の研究発表大会では，SGEの実践発表が多くある。参加すると質問する機会もある。
③各都道府県教育委員会主催のSGE講座も数多く開催されている。
④日本教育カウンセラー協会関係の研修会にはSGE研修がたくさんある。

また自分たちで勉強会を開くとき，地元の日本教育カウンセラー協会に問い合わせると，地元のSGEができる教師を紹介してくれる。

【NPO法人日本教育カウンセラー協会】
〒112-0012　東京都文京区大塚1-4-15
TEL 03-3941-8049　FAX 03-3941-8116
http://www.jeca.gr.jp/　　jim@jeca.gr.jp

(2) 研修会参加後，電話番号，メールアドレスを互いに教え合う
　メールアドレスや名刺を交換しておくと，意外なときに助けてもらうことがある。筆者の場合はSGEとQ-Uの関係，特活におけるSGEの指導案等の資料が欲しいときである。同じウォーミングアップやエクササイズでも，人や所が違えば変わるものである。

ポイント　　仲間づくりは今あるネットワークにつながることが近道。

コツ⑪ リーダーが細かく仕切る
―細かく仕切るとは，着実に進めること―

リーダーの指示を聞く雰囲気をつくる

SGEは自由や自主性を重んじる。しかし「自由にしていいよ」と言うと，生徒は何をしていいかわからず困ってしまう。

学級でSGEを初めてするとき，また，落ち着かない学級や自分勝手な生徒がいるときは，生徒がきちんとリーダー（先生）の話を聞く雰囲気をつくることを念頭においてエクササイズを進める。慣れてきたら，生徒の自主性に任せる部分を多くしていく。

最初は，リーダーは細かく仕切って，生徒が次に何をすればよいかわかるようにする。やることを一度にたくさん言うと，生徒は混乱しやすい。指示が１つだとわかりやすい。１つできたら，次の指示を１つ出す。リーダーの指示を聞いてからエクササイズをする雰囲気をつくっていく。

実践例 ●● 初めて学級でSGEを行うとき

①やること（行動）を仕切る

大人の研修会では「５人組の班で発表します。各班で発表したい人から発表します。時間は全体で３分です。ご自由にどうぞ」となる。しかし，学校では相手が生徒である。「ご自由に」と言うと，全員が発表することはできない。嫌な友達と一緒だと何もしない（できない）生徒もいる。よって，細かく仕切り，着実に進める必要がある。

「発表する順番をジャンケンで決めるよ。勝った人から発表します。はい，ジャンケン」。そして発表する順番を確認する。「１番の人，手をあげて」と確認したら，「２番の人？」と確認する。

②時間を区切る

「1人30秒です。早く終わってもその人の時間です。待っていましょう。それでは1番の人は話してください」と，最初は時間を平等に与える。

筆者は，「自分は無口で人前で話すのが苦手である。まして自分のことなど話せない」と思っていた。ところが自身が体験したSGEでリーダーが「この時間は今の発表者のものです。他の人は口をはさんだりせずじっくり聴いてあげましょう」と言った。筆者の話す番になったとき，同じ班のメンバーは，うんうんとうなずきながら私の発表を聞いてくれた。たった1分だが言いたいことを時間いっぱい話せた満足感，口をはさまず静かに聞いてくれた満足感，そしてシェアリングで「君のしたいこといいなあ。君らしくて。真似したいなあ」と言われて，ああこれでいいんだと，自信が湧いてきたことを覚えている。それ以来，「学級の中には，私のように無口で何も言えない生徒もいるだろう。その生徒の時間を保障してあげよう」と思うようになった。

反対に話したくてしょうがない生徒もいる。その生徒にはストップをかけてあげることも必要だ。「もっと話したいのにつまらない」と，その生徒が言ったときは，「時間は無限にあるものではない。有限である。限られた時間内で，自分を最大限に発揮することが大事だよ。時間だ。終わり」と言って締めくくる。このようにしていくと，SGEのパターンがつくられていく。人の話を静かに聞く，自分の考えを述べる，時間を守るなどが学級の中に浸透していく。

ポイント　　エクササイズの前に行動指示は細かく。枠があると動きやすい。

コツ12 ほかの先生を巻き込んでエクササイズをする
―ほかの先生とは，リーダーを助ける先生―

ほかの先生にSGEを体験してもらう

筆者はよくほかの先生を誘って一緒にSGEを行う。

特に若い先生を誘って行う。理由は次のとおりである。

先生方にSGEを体験してもらい，SGEの良さを知ってもらう。特に若い教師，学級担任になったばかりの教師に体験してもらう。「生徒と一緒にやったらとても楽しかった。生徒のことがよくわかりました」「ゲームだと思っていたら，SGEって，わりと深いものですね。自分のことがよくわかりました」など，ほとんどの教師がこのような感想を言う。

特別な生徒の支援をしてもらう

LDやADHDなどの発達障害や個別支援が必要な生徒がいたとき，その生徒と同じ班になり援助してもらう。

学級でSGEを行うとは，「学級全体にSGEを体験させること」である。

1人の生徒に時間をかけたため，ほとんどの生徒ができなかったとか，全体として進まなかったなどということを避けたい。つまり，学級一斉でSGEを進めるために，参加した先生にサブリーダーをやってもらう。サブリーダーがいることにより，リーダーも安心して全体を進めることができる。

その場合，参加してくれる先生の役割を明確にする。遠慮して「好きなようにして」「いるだけでいいから」などと曖昧にしない。

例えば，「A先生に参加してもらう目的は，C子さんの支援です。『C子さん，次はこれをするよ』と指示してほしいのです」などと具体的に伝え

る。どの生徒に何を支援するか，することが明確なほうが，A先生も安心して入りやすい。

SGEを行う生徒の姿を見てもらう

　学級担任に自分の学級で一緒にやってもらい，普段見られない生徒の様子や顔つきなどを見てもらう。

　例えば，奇声を発するE男が誰と一緒に活動したか，どんなことを言ったか，顔の表情など，普段，学級で見せる姿との違いを知ってもらう。「SGEのとき，E男はあんなに生き生きとやっている。担任に見せる顔と違う。なぜだろう？」と考えるきっかけを与え，担任にE男の良さを知ってもらう。

エンカウンターの進め方について感想やアドバイスをもらう

　SGEに生徒と一緒に参加して，
①わからない点はなかったか
②時間配分は良かったか
③インストラクションはわかったか
などについて意見を聞く。

　リーダーはうまくいったと思っていたのに「説明がわかりづらかった」とか，時間を十分に取ったつもりだったのに「もう少し時間がほしかった」など，実際体験した人でなくてはわからないところもある。生徒では教師に伝えることができないこともある。

🌸 **ポイント**　参加してくれるほかの先生の役割・目的を明確にする。
　　　　　　・ほかの先生を巻き込むことが，自分のためにも相手のためにも生徒のためにもなる。

コツ 13 保護者会で SGE を生かす
―保護者を味方にする最高の方法―

保護者会で SGE をすることを勧めたい。
次のことを意識して SGE をやれば保護者会でもうまくいく。
保護者が担任の味方になれば、その後の学級経営は安定しうまくいく。

保護者に SGE を体験的に理解してもらう

学級で SGE を行う以上、保護者に SGE とはどんなものなのか、そしてどんな効果があるのか、知ってもらうとよい。

生徒に、「SGE って何？ エクササイズって何？」と聞くと、「何か遊びのようなもの。ゲームみたい」と言うだろう。説明しにくいと思う。エクササイズと聞いた保護者の中には「授業中にダンスを踊るの？」と思う人がいるかもしれない。シェアリングとは「気持ちを分かち合うんだよ」と言われてもよくわからない。ぴったり合った日本語が見あたらないからだ。だからこそ、保護者会で実際に体験してもらい、SGE の良さを感じてもらうとよい。

保護者に SGE の「心地良さ」を感じてもらう

保護者会で行うエクササイズは、遊び感覚でありながら、他者を知る、自分を振り返るなどをねらいとしたものがいい。

働いているお母さんが多い。保護者会には仕事時間を調整してやっとの思いで参加している。生徒や学校のことを知ることももちろん大事だが、お母さん仲間を増やすことも大切だ。自分の子どもの友達のそのお母さんを知ることも大切だ。

そのためには保護者会でSGEを行うと，一度にたくさんのお母さんを知り友達になることができる。SGEをすることで，お母さん自身が自己開示でき，そしてお母さん同士の友達ができる。

どんなエクササイズが良いか

(1) 楽しいもの

保護者にとっても自己開示と他者とのふれあいは楽しい。最初は自分のことを考えるエクササイズがよい。数回目となったときは，別なテーマも考えられる。

(2) 生徒と同じもの

エクササイズは，生徒と同じものを行うのがお勧めである。

「この『私のしたいことBest5』は，先日学級で実施し，たいへん盛り上がりました。お子さんは何を書いたか，聞いてみてください」と担任が助言すると，親子の会話の提供にもなるし自分の子ども理解にもなる。子どもの意外な面を知ると，ますます子育てが楽しくなる。

保護者会でSGEを実施したことのある先生方に，どんなエクササイズをやったか聞いてみると「我が子の良いところ」「我が子自慢」が多かった。しかし，筆者はあまりお勧めしない。理由は，保護者の中には，子どものことで困ったことや心配なことがあるので保護者会にやってきた，という方も多い。

また，子どもに問題傾向があるので，保護者会の役員になり先生や学校と繋がっていたいという保護者もいる。「子どもの非行が心配だから」「ADHDで学級に迷惑をかけるから」など，そんな思いで保護者会に参加したり役員になっている場合が多い。そんなとき，最初のエクササイズで子どもの自慢をしろ！　というのは辛い。このようなケースが意外と多い。

第3章　どの先生もうまくいくエンカウンター20のコツ

始まったら止まらない

　保護者会で行うSGEのほうが生徒に行うSGEよりうまくいく。

　なぜなら保護者は大人なので担任の先生に気を遣い，合わせてくれるからだ。担任が「やりましょう」と言えば「はい」と動き，担任がちょっと冗談を言うとちゃんと笑ってくれる。これが生徒だと，学級開きのとき先生が冗談を言ってもまじめな顔をして笑わない。

　保護者は適度に先生に合わせてくれる。SGEの進め方が下手な先生にも合わせてくれるので，必ずうまくいく。

　反対に，お母さん方は，自分のことを話し始めたら止まらないことがある。

　「は～い，そこまで」「は～い，そこまで」とリーダー（担任）が何度も大声で言ってやっと静かになっていく。

　そんなときは，「はい，ご苦労様でした。すばらしいお話ありがとうございました」と言いながら強めの拍手をすると，気持ちよく終わりにすることができる。

【参考文献】國分康孝・國分久子監修，明里康弘ほか編『エンカウンターで保護者会が変わる　中学校』図書文化

> **ポイント**　保護者に，SGEはどんなものかを知ってもらう。
> ・保護者も，体験して初めて安心する。
> ・SGEは保護者にこそ喜ばれ役に立つ。

コラム2

ウォーミングアップ向けエクササイズ

アウチでよろしく！

2人で向かい合い，人差し指を1本出して，お互いの指の先を合わせて，同時に「アウチ！」とあいさつする。(作：川端久詩)

フルーツバスケット

イス取りゲームの形になり，オニがお題をコールする。それに合った人は席を移動する。残った人が次のオニ。

木とリス

オニ役1人をのぞき3人1組になる。そのうち2人が木の役になって両手をつなぎ合い，1人はリス役になりその両手の間に入る。オニの合図で木とリスの3人組はバラバラになり，新しく3人組をつくる。1人残った人が次のオニになる。

ナンバーコール

円陣になって1人ずつに番号を振る。みんなの手拍子に合わせて，自分の番号と他の番号をコールする。呼ばれた番号の人が同様に続けていく。

進化ゲーム，進化じゃんけん

「ごきぶり」から始め「かえる→さる→人間」と進化する。同じ生き物の仲間同士でジャンケンをして勝ったら進化する。負けると1つ前の生物に戻る。人間同士でジャンケンをして，勝ったら，神様となり終了。

猛獣狩り

「猛獣狩りに行こうよ」などとリーダーに続いて歌いながら，最後にリーダーが言った動物名の文字数と同じ人数で集まる。

第3章　どの先生もうまくいくエンカウンター20のコツ

コツ⑭　シェアリング票を使って個別面接をする
―子どもの気持ちを明確化できる―

SGE実施後に，個別面接をする

　SGE実施後に，ワークシートやシェアリング票を見て気になった子どもに声をかけたり個別面接をする。

　シェアリング票とは，「振り返り票」のことで，シェアリング時に書いたものである。エクササイズを振り返り，「楽しかったか」「簡単だったか」の評価と，感じたこと・気づいたことを自由記述で書いたものだ。

　SGE後，「楽しかったか」の評価が低かった生徒に対して，また自由記述で気になった生徒に声をかける。「D子さんは，あまりおもしろくなかったんだ。残念だったね。よく笑っていたように見えたけれど」と。子どもは，担任が「私の存在を気にしてくれた」と被受容感を得ることができる。

　例えば，エクササイズ「私はわたし　夏休み版」[*1]で，ディズニーランドに行った生徒と面談をして「誰と行ったの？　何に乗ったの？　何が一番楽しかった？」と聞くと，聞かれた生徒はうれしい。先生は私の発表を聞き，先生は私に関心をもってくれたと好感をもつようになる。

　背中に文字を書いてリレーをするエクササイズ「まほうのゆび」[*2]をしたあと，「つまらなかった」と書いた生徒を呼んで話を聞くと，「漢字がわからない。筆順はもっとわからない。エクササイズがつまらないというより自分が情けなかった。歯がゆかった」と言った。そんな悔しい生徒の思いを知ることができる。

　シェアリング票を見ながら個別面接をしていくと，「嫌だ」「つまらない」の文字や文章から，生徒の感情を一歩深く理解できるようになる。理解できると人間関係がもう一歩深くなる。無口な教師でもできる技である。個

別面接は次のように行う。「今日は，F男君と同じ班で良かったね（最初に良かったことを言う）。それなのに，エクササイズがつまらなかったのはなぜ？」と疑問に思ったことを聞く。そして，最後に「今度どんなエクササイズをやりたい？　誰と一緒ならできそう？　次は楽しくやれるといいね」で終わる。

＊1 「私はわたし　夏休み版」は拙著『どんな学級にも使えるエンカウンター20選』図書文化，68・70頁
＊2 「まほうのゆび」は拙著『どんな学級にも使えるエンカウンター20選』図書文化，84頁

ポイント　シェアリング票をもとに，アフターケアの個別面接をする。
・個別面接では，生徒の気持ちに耳を傾けることが大切。

コツ 15 学級担任としての本時の目標を明確にする
―担任の思いを行動化する―

学級の問題解決の方向に向けた工夫

　学級担任は，学級の問題をどのように解決していこうかと悩みながら学級経営を進めていることだろう。
　「コツ2」の今日のエクササイズのねらいを明確にすることも大切だが，学級の問題を解決の方向に向けるため，コツ2とは別に，学級の問題に焦点を当てた工夫をしてみる。
・コツ2は，今日のエクササイズのねらい
・コツ15は，自分の学級の問題解決のためのねらい
である。
　学級の抱える問題，特に人間関係づくりに関する問題としては，例えば「発達障害でなかなか友達と一緒に話し合ったりできないG男」「非常におとなしくていつも1人でいるH男」「学級が小グループ化している」などがある。
　そこで，生徒にコツ2の「友達を知る」「自己主張をする」など本時のねらいを黒板に書いたりすることとは別に，コツ15のねらいに応じて，次の(1)〜(4)などについて本時の目標を明確にする。
(1) ウォーミングアップ
　例：今日の目標は，I男を落ち着いて参加させること。だから，ウォーミングアップで動きのあることは控える。
　　　I男が落ち着いてエクササイズに入れたら「本時の担任の目標達成」。
(2) グループづくり
　例：J男がエクササイズをしやすくするためには，K男と一緒がいい。

ウォーミングアップでフルーツバスケットを繰り返しする中で，J男とK男を一緒にしよう。
　　　J男とK男が一緒のグループになれたら「本時の担任の目標達成」。
　　例：小グループに分かれているAグループとBグループを一緒にしよう。
　　　それができたら，「本時の担任の目標達成」。

(3) エクササイズ選択
　　例：今日はおとなしくて1人でいることの多いE子に焦点を当てよう。
　　　「探偵ごっこ」の探す人の中に，E子の「犬と，猫と，金魚を飼っている人」を入れよう。
　　　それができたら，「本時の担任の目標達成」。

(4) シェアリング
　　例：自分の意見をもっているが指名されないと発表しないF子に，「今日のシェアリングは，1人40秒ずつ発表します。他の人は，静かに待ってください」と言うようにしよう。
　　　それができたら，「本時の担任の目標達成」。

　評価は，本時の目標だけにして，そこができたら成功とする。SGEは万能ではない。全員が楽しいということはなかなか難しい。G子は「今日のエクササイズが楽しかった」と言った。しかし，H子は「つまらなかった」と言った。人によって感じ方が違うことを知ることも勉強である。

※ポイント　「楽しめたか」ではなく，今，この学級でSGEを行う担任の本時の目標を明らかにする。
　　　　・エクササイズのねらいとは別に，ねらいに応じた目標をたてる。

コツ16 ワークシートやシェアリング票を貼る掲示法
―掲示法は,何度もシェアリングができる方法―

　掲示物を活用する「掲示法SGE」も効果的なSGEである。
　「掲示法SGE」とは,SGEでやったワークシートやシェアリング票をみんなが見ることができるように教室や廊下に貼っておく方法である。生徒たちは,それをよく見て友達と話し合っている。
　SGEがなかなかうまくできない学級でも,「掲示法SGE」を続けていくと本音が語れる学級になる。シェアリングができない学級は,最初は掲示法SGEでやっていくと,徐々にできるようになる。

掲示法の長所

(1) シェアリングができる
　シェアリングがなかなかうまくできない学級でも,廊下に貼ってあるワークシートやシェアリング票を見ながら,「わあ,これ,おれと,同じ」「あいつ,普段はバカみたいなことばっかり言っているけれど,学級のことをよく考えているんだ」「I子さん,おもしろいんだね」など友達と話をする様子が見られる。これもシェアリングである。

(2) メンバーを替えて何回もシェアリングができる
　L男は昼休みに,廊下に貼ってあるワークシートやシェアリング票を見ながら学級の仲良しの友達と話をしていた。放課後は,同じ部活動の生徒と同じように話をしていた。翌日は,通りがかった英語の先生とも話をしていた。メンバーを替えて何度もシェアリングができる。

(3) シェアリングが深まる
　エクササイズ後では,しらっとしてほとんどシェアリングが進まなかっ

たのに，廊下に貼っておくと何度もシェアリングができる。違う友達の意見を聞くことができ，違うことを感じたりできる。意外な発見もできる。そうすることにより，友達への理解が進む。それは，たくさんの人とシェアリングをしたことと同じである。そうしていくうちに，自然と学級で攻撃的な言動が少なくなる。

(4) ワークシートを工夫して表現力が高まっていく

掲示を重ねていくと，ていねいにワークシートに書き込むようになる。

例えば，目標の掲示も，①今年，②2学期，③体育祭，④合唱コンクールなど，あらゆる機会を得て行う。友達の目標を見ることによって，真似たり工夫して書くようになる。

「掲示法SGE」を成功させる工夫

(1) 掲示することを，事前に伝える

事前に「エクササイズが終わったら廊下に掲示するよ。掲示係さん，今日の放課後貼るよ」と伝えておく。

(2) 一人一人の掲示場所をつくる

一人一人のワークシート用紙を貼る場所をつくる。

そのときに気をつけることは，

①1年間固定して貼り重ねていけるもの……自分の場所が決まっていると安心できる。

②生徒の目の高さ……生徒が自然と集まって読める場所，特に気をつけることは，目の高さ。読みやすい高さにする。

(3) 掲示は即日，遅くても翌日

SGEはエクササイズ直後にシェアリングを行う。同じように，すぐ掲示しないとエクササイズの熱がさめてしまう。きれいに貼るのが目的ではなく，すぐ読みシェアリングすることが目的である。学級に「掲示係」「すぐやる係」等を作り，その日に掲示する。

(4) 禁止するルールは具体的に

初めて貼るときは，徹底して最低限のルールを守るように伝える。「気持ちよく見ることができるようにみんなで心がけよう」「掲示物に落書きしない，いたずらしない，ケチをつけたり悪口を言わない」などである。

(5) 再度，シェアリングの場を設定する

掲示して2日後の朝の学活で，「廊下の掲示物を見たかな？　帰りの学活で感じたことを聞くよ？」と予告する。

帰りの学活で，「廊下に貼ってある『先生と一緒に行きたい店』を読んで，感じたこと・気づいたことを言いましょう」と伝え，班で2分，全体で1分間話し合う。その後，担任が30秒程度のコメントをしても，合計4分以内で終わる。すると，生徒は，また，掲示物の前でシェアリングをしたい気持ちになる。

「学級全体で活動する・話し合う」「友達の良いところを発見する・伝え合う」を繰り返し行うことが大切だ。特にシェアリングの繰り返しが，自他理解を深める。

【参考文献】掲示方式エンカウンターは，拙著『どんな学級にも使えるエンカウンター20選』図書文化，115-121頁参照

ポイント　掲示は，エクササイズの後すぐに！
・エクササイズ，シェアリングは繰り返しが大切。

コラム3

「楽しく感じる」が基本

　SGEで学級を立て直そうと思う先生は，例えば「今，自分の学級は小グループに分かれているから，学級全体で活動できるようにしたい。だからみんなで協力してやれるエクササイズをしよう」と考えやすい。

　しかし，協力が無理な集団に，協力するエクササイズをさせようとしてもうまくいかない。

　そんなときは，生徒が「楽しかった。役に立った。また，友達とやりたい」と思えるエクササイズを選ぶことに重点を置きたい。

　「楽しかった。役に立った。またやりたい」とは，「友達と楽しくできた。友達づくりに役立った」ということである。

　「楽しい。またやりたい」と感じたら，またエクササイズをやろうとするだろう。まずは「やって楽しかったエクササイズ」が基本である。

　ここでの「楽しかった・おもしろかった」は，TVのお笑い番組を見ておもしろかった，ギャグを言ったり聞いたりして楽しかったとは違う。生徒が，学級の友達と一緒に活動して，一体感・安心感を得たということである。

　話したことのない友達と話をしたら同じ意見だった。とても親しい友達と将来について話をしたら，まったく違う考えでびっくりした。でも学ぶことがあって意外とおもしろかった，などの「友達を知る楽しさやおもしろさ」である。

コツ 17 介入をする
―無意識な行動を意識化できる―

「SGEを何回やっても，『おもしろかった』としか言わない。ワークシートにも『おもしろかった』としか書かない。これでは深まりがない」と言う先生が多い。そんなときは，リーダー（先生）が介入をする。

介入とは，子どもの発言や行動があやふやだったり漠然としてつかみどころがないとき，もう一歩深く入り込んで明確にすることである。

これによって，生徒の漠然とした考えや感情が明確になり，理解が広がったり深まったりする。自分の思っていることがはっきりすると，次への一歩が進む。

実践例 ●● シェアリングのときの介入

シェアリングのときに，生徒の気持ちを言語化してあげると自分の感情が整理される。

リーダー「エクササイズをやっておもしろかった！　何がおもしろかったかな？」
生　徒「う〜ん，わからない」
リーダー「それでは，みんなに聞くよ。エクササイズがおもしろかった人？」
生　徒「は〜い」
リーダー「あ，たくさんいたね。何がおもしろかったか言える人？」
生　徒「M男君とJ子さんと一緒にやったから。K子さんが失敗したことを教えてくれたから」
リーダー「そうか，友達と一緒にやるとおもしろいし，楽しいんだ。友達のことをたくさん知ることができておもしろかったんだ」

実践例 •• ワークシートに書かれたことから

　ワークシートの「楽しかったか」という質問に「つまらなかった」と答えた生徒に，シェアリングの後半で聞いた例。

リーダー「今日のSGEつまらなかったんだって？」
生　　徒「別にいいです。終わったことだし，いつもは楽しいから」
リーダー「そうか，いつもは楽しいのに今日はつまらなかったんだ？」
生　　徒「はい，僕は一生懸命やったんですけどね」
リーダー「なぜだろう？」
生　　徒「うーん，わからない。もういい」
リーダー「親しいN男君と同じ班で，エクササイズは楽しそうだった。どうしてかな？」
生　　徒「僕の話を誰も聞いてくれなかった」
リーダー「そうか，君は一生懸命話したのに誰も聞いてくれなかったんだ」
生　　徒「そうみたい」
リーダー「どうしてほしい？」
生　　徒「聞いてほしい」
リーダー「じゃ，班のみんなにそう言ったらいいよ」
生　　徒「いいよ」
リーダー「どうして？」
生　　徒「もう，終わったから」
リーダー「先生が代わりに言ってあげようか？」
生　　徒「先生が言うなら自分で言う」
リーダー「じゃ，みんなに力強く言おう。『僕が話をするとき聞いて』って」
生　　徒「わかった」
リーダー「じゃあ，今日はこれで終わります」

❀ポイント　　生徒の感情を言語化して，ねらいに迫る。

コツ 18 あいさつをする
―けじめがついてすっきりする―

エンカウンターの始めにあいさつをすると、けじめがつく。
けじめがつくとすっきりした感じでエクササイズに入ることができる。「この人たちとエクササイズをするんだ！」と確認が取れる。形だけでなく気持ちもあたたかくなる。これを繰り返すことにより、あたたかい感情が生まれ友達とつながっていく。

リーダー（先生）があいさつの声を呼びかける

エクササイズを始めるとき、例えば、ウォーミングアップでグループづくりをした後に、「今日一緒にエクササイズを行う友達に『よろしくお願いします』と、あいさつをしよう」とあいさつをすることを促す。

エクササイズやシェアリングが終わり、そのグループでの活動が終わるときには、「グループのみんなに、『一緒にやってくれてありがとう。おつかれさま』とあいさつをして別れよう」と促す。

このようにエクササイズを行うとき、学級で、「あいさつをしよう」と、声をかけていく。

あいさつをするチャンスをつくる

特に学級開きの4月や長い休み明け後のエクササイズのときには、ていねいに「あいさつをしよう」と声をかける。仲の良い友達だけではない。ちょっと苦手だったり、場合によっては気の合わない人と一緒にエクササイズを行うこともあるので、「ちゃんと、声をかけたかな？」と聞く。

「あいつ、ちょっと苦手だ」と思っていたけれど、笑顔であいさつされ

ると,苦手意識や一緒にやれるかどうか不安だった感情がなくなりやすい。

やりやすい形で行う

「よろしく」のあいさつだけでなく,握手をしたりアウチをする。

例えば,不登校の適応指導教室でエンカウンターを行う場合は,ウォーミングアップにアウチをする。それから,エクササイズを始める。

最初は照れて時間がかかるが,回を重ねるごとに自然にやるようになる。

終わりのあいさつも大切

エクササイズの終わりに「お互い,ありがとうの感謝を伝えよう」とお礼のあいさつを促すことは,第1章の「感謝」の実践になる。形として具体的に行動に示す方法を教えることが大切だ。エクササイズの最初と最後のあいさつだけでも,学級の雰囲気が良くなっていく。

よろしく
お願いします

一緒にやってくれて
ありがとう
おつかれさま

> **ポイント**　エクササイズの始めと終わりにあいさつをする。
> 　　　　　　「よろしくお願いします」
> 　　　　　　「一緒にやってくれてありがとう。おつかれさま」

コツ19 グループづくりは学級経営の観点から
―学級全員が全員にふれあうチャンスをつくる―

　中学校の先生ならば，SGEを行うときでなくてもグループづくり（班づくり）にとても気を遣う。グループづくりがうまくいくということは，学級経営がうまくいっている証拠である。

グループづくりの基本

　SGEのグループづくりは「学級経営を考えながら，1年間を通してグループづくりをする」ことである。
　SGEを通して，学級の人間関係づくりをめざす。

ペアリングへの対処

　「ペアリング」を避けることは，SGEの基本的な留意点である。
　類は類をもって集まる傾向がある。部活動同士，女性同士，仲良し同士である。これは不安の表れであり，似た者同士が集まれば不安が軽減するからである。SGEでは，ペアリングを許すと自主独立の精神がそこなわれると考え，知らない人と知り合うチャンスを得るためにペアリングを避ける。
　しかし，学校で行うSGEでは，最初はペアリングを避けることをあまり意識しすぎないほうがよい。学級の雰囲気によっては，特定のだれかと一緒にいないと居場所のない生徒もいる。それは本人の問題というよりも，学級集団の問題である場合が多い。
　例えば，中学2年生の学級編成直後でも，昨年の人間関係が続いて小グループで固まっている学級がある。そんな学級で，「普段よく一緒にいる

人とペアになるのを避けましょう」と言っても誰も聞かない。

強制的にグループをつくろうとしてもグループができない。無理矢理グループをつくっても，何もしない，口をきかない，あいさつもしない，ということになりかねない。それではSGEはできない。

そんなときは，ペアリングを避けることにこだわらないで，SGEができるグループづくりからスタートする。

可能なグループづくりを繰り返し，1年間が終わる3月には，学級の全員と同じグループになったことがある，そして，誰とでも一緒にエクササイズができるようになっていればよい。

それには，いろいろな工夫が必要になる。そんな場合は，拙著『どんな学級にも使えるエンカウンター20選』（図書文化）の「第3章　カギはグループづくりとシェアリング」を参考にしてほしい。

※ポイント　年間を通してグループづくり，学級の人間関係づくりをめざす。
・年間を通して全員と同じグループになるように仕組む。
・1年間の最後には，誰とでもグループを組むことができるようになることをめざす。
・ペアリングを避ける。しかし，あわててペアリングを解消するのではなく，まずはじっくり安心感を味わわせる。

コツ20 SGEグッズを準備する
―いつでも，すぐできる―

SGEが学級経営に効果的といっても準備が大変だと思っている先生がいる。準備が整わないので「時」を逃してしまったという先生には，「SGEグッズ」かごをお勧めする。

買い物かごに，SGEに必要なものを入れておくと，急に時間ができたときもSGEを簡単に実施できる。

「SGEグッズ」かごに入れておくもの

①シェアリング票

　急にSGEをすることになっても，シェアリング票があるとシェアリングがやりやすい。これを見ながらだと個別面接もスムーズにいく。

②タイマー

　時間管理はリーダーの責任。SGEはゲーム性の高いものが多い。

　1分2分と区切って進める場合が多い。

　生徒一人一人に時間を平等に与えるときに使う。

③今までやったワークシートを綴じたファイル

　今までやったワークシートをファイルに綴じておくと，また，使える。いざというときに使えるし，改善点をつけ加えてすぐ使える。

④お気に入りのSGEの本

　おすすめは『構成的グループエンカウンター事典』（図書文化）である。理論も実践方法もエクササイズも載っている。

⑤マイSGE実践の手引き

　A4サイズの厚紙に，最低限のこと，基本的な流れ，気をつけること

を書いた「SGEの手順」，マニュアルの紙（84頁参照）。

これを見ながらやると，スムーズに流れ，大事なことを飛ばしたりしない。自分が特に注意したいことをメモとして書いておくとよい。どんどん書き足していくと自分なりの「マイ手引き」ができる。

⑥さいころ（一辺13㎝・布製）

何にでも使える。順番を決めるとき，発表内容を決めるときなど。

大きいものだとわかりやすいし子どもが乗りやすい（100円ショップで売っている）。

⑦模造紙（横に4等分に切ったもの）

大事なこと，訴えたいことなどを模造紙に書いて貼る。

⑧筆記用具

フェルトペン1セット

⑨鈴

「はじめ」「おわり」の合図に鈴を鳴らす。

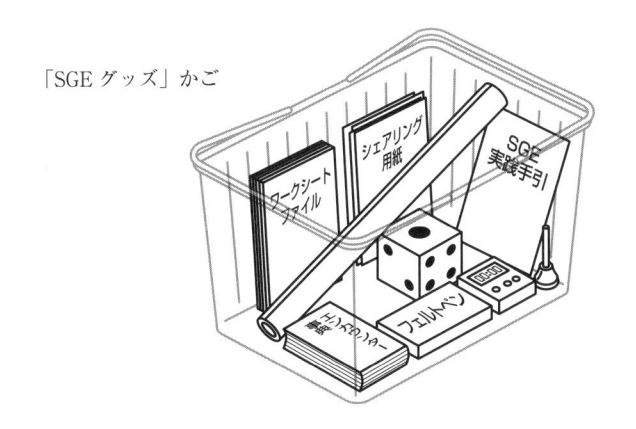

「SGEグッズ」かご

ポイント　いつでも，すぐできるように。
・マイSGE実践の手引きには自分なりに書き足していく。

第3章 どの先生もうまくいくエンカウンター20のコツ

SGE実践の手引き（例）

1．はじめに（ウォーミングアップなど）
・グループづくり
・「よろしくお願いします」あいさつ

2．インストラクション
・ねらいを1行で黒板に書く
・デモンストレーション

3．エクササイズ
・「質問ありませんか」

4．シェアリング
・今日のシェアリングは
　①個人で書く　②グループで　③全体で
・よいことはみんなにフィードバックしてあげよう
・「グループの人にありがとう」

5．リーダーの言葉
・よいことのフィードバック

◎5分前に終わるつもりで

＊どんどん書き足して自分なりの「手引き」を作るとよい。

第4章

エンカウンターならできる「学級トラブル克服術」

　この章では，生徒がよく起こしがちな人間関係のトラブルの事例をあげ，対処例を述べた。トラブルが起きたとき，先生は，生徒の身になって正しい指導や対応をしている。
　しかし，人間関係のトラブルは，なかなか解決しにくいのが現状である。
　まして，未然に防ぐのは至難の業である。
　全中学校にスクールカウンセラー（以下，SC）が配置されている。
　しかし，人間関係のトラブルが絡んだ不登校は，SCにお願いすればすべて解決できるものでもない。なぜなら，人間関係のトラブルは個室で相談したり癒したりするだけでは，なかなか学級復帰（集団復帰）まではいきにくい。集団の中で起きた問題は，最後は，その集団の中に戻して人間関係を修復したり育てていかなくてはならないからである。
　子どもは，友達とふれあうことを望み，集団の中で活動することを望んでいる。人間関係のトラブルを乗り越えるエッセンスが，SGEには入っている。

第4章　エンカウンターならできる「学級トラブル克服術」

第1節　上級生との人間関係のトラブル
　　　　―個別対応だけでは不十分―

　A子は，中学1年A組。4月の2週間目に入り，特別日課から教科の授業が始まったばかり。授業の準備も教科書，ノート，ワークなどたくさんあり，重いカバンを持って登校するのが精一杯だ。

　この中学校は，3つの小学校から生徒が集まっている。A子の小学校は，単学級だったので25人が6年間一緒であった。中学校に入学すると4学級に分かれ，A組への女子はA子を含め3人である。親しかった友達とはすべて別々になり，何となくひとりぼっちになった感じである。

　自分からは，なかなか声をかけられず，昼休みに教室の後ろで掲示物を見ていると，スカートの短い2年生の女子生徒が教室に3人入ってきた。

　「この子だよ。あいさつをしないのは。何小？　先輩に会ったら，あいさつしな！　わかった？」と強い口調で言って去った。

　A子は，とてもどきどきした。何も悪いことをしていないのに，同じ学級の生徒も黙ってA子の方を見ているような気がした。

先生の対応・指導
━━━━━━━━━━━━━━━━━━━━━━━━━━━●

　A子と同じ学級のB子が，生活記録ノートに「びっくりした。休憩時間に2年生が入ってきてA子さんに文句を言っていた」と書いていたのを担任が読んで，B子を呼び様子を聞いた。

　そして，A子には心配しないように伝えた。

　また，2年生の生活指導担当の先生にこのことを伝えた。

　2年生の先生は学年会議を行い，1年生の教室に勝手に行かない，後輩に対して親切にするとはどうすることかを指導して，1年生の教室へ行っ

た当事者から事情を聞いた。
　1年生の先生は，昼休憩に学年職員が教室を見回ることにした。
　その後は，何も起きなかった。

　教師の対応は，生徒のノートからキャッチしてすぐ動き適切であった。

SGEを取り入れる

　2年生が去った後，学級の友達はA子に何と声をかけてよいかわからなかったのだろう。違う小学校だったので親しくもない。
　4月当初の新しい学級では，どの生徒も不安である。
　出会いのSGEをして新しい友達を知るチャンスをつくる。
　ウォーミングアップで「アウチ」(67頁参照)などふれあう活動を取り入れたりすると，同じ学級の友達にもっと親近感をもつことができる。
　友達と互いにあいさつしたり，もう少し友達との交流ができていたら，A子が動けなくても周りの友達が声をかけたり教師に相談に行ったりできる。
　一人一人の自己紹介もよいが，SGEを取り入れて体を動かしながらたくさんの友達を知っていくと，「友達っていい，みんなと仲良くなれそう」と思える。そうするとA子も，友達の力で乗り越えやすい。

☆こうする　新年度当初にSGEを取り入れ，友達関係づくりをする。
　　　　　・教師のフォローだけでなく，友達の力で乗り越えられる。

第2節 長い休み後の人間関係の変化
―学級で友達をつくれない生徒がいる―

　中学2年生の学級編成で，A男とB男はB組になった。2人はお互い親しかった友達と別々になってしまったこともあり，一緒に話をしたり行動するようになり，仲良くなっていった。A男は部活動に入っていない。6月上旬の中間テストが思ったより悪かったので，母親から塾を勧められ7月から行くことになった。B男は陸上部に入っていたが，夏の大会は先輩が出るのであまり力を入れていなかった。

　この学級には陸上部が4人もいた。夏休みに入りA男は毎日塾へ行った。B男は先輩が引退したので陸上部で活躍する場ができ，毎日部活動に参加した。そして，同じ学級の陸上部の友達と親しくなっていった。夏休み中A男とB男は，一度も会わなかった。

　夏休みが終わり，A男がB男にいつもどおりに声をかけた。B男は返事はするものの，教室移動やトイレ，昼休みも陸上部の友達と一緒だ。A男は，B男が何となく自分を避けているように感じた。夏休み前なら，声をかけると一緒にトイレに行ったり話をしたのに今は寄って来ない。

　何となく違う感じがして学級がつまらなく思えてきた。

先生の対応・指導

　様子が変だと感じた担任は，A男に声をかけた。うまく説明できないA男は「B男がおれを避ける」と伝えた。担任はB男を呼んで「何があったのだ？　A男はB男が避けると言っているぞ。A男が1人でかわいそうだ」と伝えた。B男は思いもよらないことを先生から言われA男に腹が立ち，ますます，A男を相手にしなくなった。B男は，先生から注意さ

れたことを陸上部の友達に話した。陸上部の友達はＢ男がかわいそうだとＡ男を無視するようになった。そんな雰囲気が学級全体に伝わり，Ａ男はますます孤立し，遅刻するようになり，学校を休み始めた。

スクールカウンセラーの対応

学校を休むようになったので，担任はスクールカウンセラー（以下，SC）に相談した。まずは，SCと母親が会った。

Ａ男は，家ではあまり話をしない。母親はＡ男のことがよくわからないと言う。登校をしぶる理由はいつも「だるい，なんとなく気持ちが悪いから遅刻する」と言い，結果的に欠席してしまう。

SCは，「Ｂ男との関係が悪くなったＡ男の友達関係は希薄で，Ｂ男以外仲の良い友達はいない。あせってもしょうがないので，学校を休むより，カウンセリングルームに来て，ゆっくり心を癒しながら次の手だてを考えましょう」と言い，母親の話を聞くものの，なかなか事態は進展しなかった。

SGEを取り入れる

これは，Ｂ男の友達関係が長い夏休み中に変わったのであってＡ男もＢ男も悪くない。Ｂ男はＡ男を嫌ったり避けたりしたのではなく，親しくなった陸上部の友達と付き合うようになっただけである。

Ａ男はＢ男だけが友達だったので，友達がいなくなってしまった。

少子化で大切に育てられているため，友達とかかわるチャンスを教師が意図的につくってあげないと，なかなか学級で友達がつくれない生徒がいる。また，中学校は，部活動の関係が非常に強い。いろいろな友達にかかわるチャンスを教師が意図的につくらないと，部活動の友達で固まりがちになる。

担任は，長い休みの後は，友達関係づくりがなかなかできない生徒もい

第4章　エンカウンターならできる「学級トラブル克服術」

ることを頭に入れて，学級の生徒がみんなとかかわるチャンスをつくることが大切である。それにはSGEをやるとよい。
　A男は，B男だけでなく他の友達とかかわるチャンスが必要である。
　ワッと楽しむレクリエーションやスポーツもよいが，夏休み明けは，とろーんとしたゆっくりペースでかかわるSGEを行い，つたない言葉でも，感じたり気づいたことを伝えるエクササイズをやると友達ができやすくなる。「フルーツバスケット」や「猛獣狩り」（67頁参照）のような体を動かすウォーミングアップのあとに，夏休みを語るエクササイズをすると，A男もB男以外の友達と仲良くなるチャンスができるであろう。
　夏休みや冬休みだけでなく，ゴールデンウィーク，シルバーウィーク明けも，学級全体で友達とのかかわりを促すエクササイズをするとよい。
　また，A男が一時的に不登校になって学校に復帰するときもSGEが有効である。なぜなら，そのときの学級の実態，B男の実態に合わせたエクササイズを選び，学級担任（リーダー）が，その状態に合わせてエクササイズを進めることができる。学級レクやスポーツは，始まったらどの生徒も夢中で友達のことに目が向きにくい。楽しさだけを追い，スポーツの苦手な生徒は，苦痛だけが残ることもある。表面に出なくても担任の細かな配慮が必要である。

☆こうする　友達とかかわるチャンスを教師が意図的につくる。
　　　　　　・長い休み明けには，学級全体で友達とのかかわりを促すエクササイズ。

コラム4

人間関係のトラブルを乗り越えるSGE

　今の中学生は学級での友達づくりが上手とは言えない。ちょっと気がゆるむと次から次へと友達関係でトラブルを起こす。そして，友達との関係を修復しようとするのではなく切ろうとしてしまう。

　友達関係でトラブルを起こすことがいけないのではない。

　大切なのは，そのトラブルを修復したり乗り越える体験をすることである。

　教師は，修復方法（How to）を教えたい。

　しかし，教師は，今までの自分の体験や価値観で子どもを指導してしまう場合が多い。教師の教える基本や大筋は正解である。

　しかし，人間関係の修復方法となると，一般論として正解でも，生徒に合っているとは限らない。

　その方法が生徒一人一人に合っているかどうかはわからない。

　SGEにはシェアリングがある。シェアリングで友達の感情を聞きながら自分に合った方法を探す。大人の正しい意見や支持も大切であるが，同年齢の発想や感じ方も大切である。

　子どもたちの中で起きた（集団の中で起きた）問題は，その集団の中で癒したり解決しなくてはならないものもある。

　シェアリングを続けると，自分の感情を上手に処理でき自分に合った解決方法を見つけやすい。

第4章　エンカウンターならできる「学級トラブル克服術」

第3節　けんか両成敗
―釈然としない仲直りで，友達関係にしこり―

　9月後半の1年C組。この頃になると，生徒は，先生にも学級にも慣れてくる。C男はユーモアたっぷりで学級の人気者である。ちょっとおせっかいで，友達にふざけたり，ちょっかいを出したりする。

　D男はまじめで学級書記をしている。

　D男が次の数学の宿題を黒板に書いているとき，C男が黒板の字にいたずらをした。まじめなD男は腹が立ったが，我慢していた。しかし，しつこいので「やめろ」とC男の頭をポンとたたいた。C男はカチンときて「何するんだよ」と押してきた。D男は「やったな」と言いながら，C男を倒し馬乗りになった。学級が騒然となり，先生が間に入って2人は引き離された。C男は倒れた拍子にイスの角に当たりズボンに穴があき，膝から血が出ていた。

先生の対応・指導

　担任の先生にC男とD男は別々に事情を聞かれ，正直に経過を話した。D男に担任は「D男君の気持ちはわかるけれど，手を出したのはまずかったな。どんなことがあっても暴力はいけない。あやまらないと」と言った。D男はどんなに我慢したか，今までもC男にちょっかいを出されてどんなに不愉快であったかを言おうとしたが，感情が高ぶりうまく話せなかった。黙りがちになっていると，「手を出すのがいちばん悪い」と言われ，ますます黙ってしまった。D男は，手を出したのがよいとは思っていないが，今までに何度もあったのに，どうして自分がいちばん悪いと言われなくてはならないのかと，気がおさまらなかった。D男はけんか両成敗と言

われ，最初にからかってきたのはC男なのにと釈然としなかった。

このあと，先生の指示で2人はお互いに謝り，握手をした（させられた）。学活で先生は「人の嫌がることはやめよう」「暴力は絶対にいけない」と指導した。D男は学級のみんなから，最初に暴力を振るった自分が悪いと見られているようで，なかなか学級に入っていきにくかった。C男と仲直りの握手をしたが，どうしてもC男を許せなかった。だからC男に少し距離をおいて生活をするようになった。C男も仲直りの握手をしたものの，D男にどう接すればよいかわからなかった。

互いに距離をおいたまま他の友達と付き合い，2年生になると，2人は別々のクラスになった。

SGEを取り入れる

学級でSGEを取り入れていたら，2人が同じグループにならなくても，学級の友達と一緒に活動できて，D男は「学級の友達はいつもと同じだ」と，安心して生活できたであろう。

一緒に活動するチャンスがあれば，最初は友達の目が気になったとしても，徐々に学級にとけ込めたであろう。2人が同じグループでエクササイズをやれば話すきっかけができ，互いに理解が進むであろう。釈然としない思いが払拭できて，次の活動へ意欲を燃やすことができる。

C男とD男同士だけでなく学級の友達とかかわるチャンスがあると，自然とC男とD男が仲直りしやすい。それには，ゲームだけでなく，感じたことを出せるシェアリングが大切である。

☆こうする　シェアリングで感情を語り合う機会を多く持ち，学級での安心感を高める。

第4節　部活動に入っていない
―部活動の友達関係が学級でも影響する―

　Ｃ子は幼稚園のときからスイミングスクールに通い，ずっと水泳を続けている。中学２年生のときは，全国大会に出場した。頑張ったが28位だった。

　３年生になったら何とか上位入賞したいと思い，放課後になるとすぐスイミングスクールに行く。だから部活動に入っていない。定期テスト１週間前から部活動は中止だが，Ｃ子には休みがない。しかし，Ｃ子には目標があるので辛いと思っていない。Ｃ子がスイミングスクールを休むのは，テストの前日だけである。

　中２の秋，林間学校の班決めがあった。みんなは部活動の仲良しで固まり，Ｃ子は残った者同士の班になってしまった。いつも仲良しだと思っていた友達は部活動で固まり，Ｃ子は不登校気味で参加するかどうかわからない人たちの班になり，楽しみだった林間学校が急にいやになってしまった。林間学校の活動内容はほとんど班で決める。友達はますます部活動の友達で固まっていく。学校生活がつまらなく感じて，教室でポツンと１人でいることが多くなった。

　Ｃ子は，水泳をやってきたことを後悔はしていない。何より楽しいし，目標に向かっている自分にも満足していた。しかし，ひとりぼっちの自分であることに気づいたら，学校が面倒になってしまった。

先生の対応・指導

　Ｃ子の様子に気づいた担任は，仲良しの友達に「Ｃ子さんがよくひとりぼっちだから声をかけてあげて」と頼んだ。そうすると，友達は「よく声

をかけているよ。私たち仲間はずれになんかしていないよ」と言う。たしかに「おはよう」と声をかけている。昼休みには「C子さん，こっちにおいで」と声をかけている。しかし友達の中にC子が入っても部活動の話が中心でなかなか話が合わない。話に入れないと，C子は反対に阻害された気持ちになってしまう。

スクールカウンセラーの対応

　C子は担任にスクールカウンセラーへの相談を勧められ，会うことにした。C子は，自分が思っていること，将来の目標についてなどを話すことができ，心が整理できすっきりした。今まで以上に水泳の目標をしっかり確認することができ，頭の中では切り替えができた。しかし，教室に帰ると友達関係は以前と同じ状態だった。

SGEを取り入れる

　今の時代は，習い事をしている生徒が多い。また，学校だけでなく友達がいろいろな場にいることはすばらしいことである。

　一方中学校は，部活動の友達に大きく左右されがちである。学級の人間関係も部活動に影響しやすい。

　そんなときこそ，SGEをやることにより，いろいろな友達とかかわり，他者を理解するチャンスをつくる必要がある。

　特にC子が学級の友達を知るチャンス，学級の友達もすぐ帰ってしまうC子を知るチャンスがあると，学級での人間関係が深まる。中学生になると，互いの思いや考えを伝え，話し合う場の設定が必要だ。

　そうしていくと，放課後に一緒に遊ばなくても友達の存在を感じることができる。親しい友達が集まれば，どうしても部活動中心の話になりがちだ。また，休みにはどこへ行こうか，何をしようかと，C子が話に入りにくい話題になりがちである。しかし定期的にSGEをやることにより，C子も友達も同じ土俵（エクササイズ）で話ができる。

　対等に話す場を設定できるとよい。

　自己を見つめたり別な立場の人に相談してみるなど，スクールカウンセラーや教育相談室での話は有意義だが，結論は，C子は学級の友達と一緒にいて，一体感や存在感を得たいのである。それには，SGEが安全で楽しい。

☆こうする　意図的に友達の思いや考えを知り合うSGEを継続して，学級で一体感や存在感を得られるようにする。

第 5 節　小グループ化した学級
―結束が堅くグループ内で固まる―

　２年Ｄ組の教室で，きれいな紙で小さく折った手紙がよく落ちている。
　担任は大事な手紙を落とすなんてと思いながら開くと，「ありがと，超しあわせ」と書いてあった。他の手紙の内容も同様であった。授業中にＤ子が一生懸命ノートを取っていると思い，近づいてほめようとしたら手紙を書いていた。放課後，担任は，Ｄ子に様子を聞いた。
　すると，Ｄ子は「Ｄ子・Ｅ子・Ｆ子の３人で手紙を回している。主に授業中。多い日は４枚くらい。手紙は授業中に書いて回すと，なんとなくつながっている感じがして安心できる。クラスの女子が４つの小グループに分かれて，どのグループも授業中に手紙を回している。女子18人中14人がグループに所属している。グループで手紙の色が違う。折り方が違う。他のグループには渡さない。他のグループの手紙は見たいとも思わない」と言っていた。

先生の対応・指導

　担任は，帰りの学活で，授業中に手紙を回すのをやめるよう指導をした。
　その後，授業中に手紙を回している様子は見られなくなった。１回の指導でどのくらいの効果があるか心配したが，ほとんどしなくなり，安心した。再度，Ｄ子を呼んで気持ちを聞いてみた。
　「先生の言うとおり，授業中に手紙を回すのはいけないことだから，やめた。しかし，その後４つのグループは，ますます結束が堅くなったように感じる。トイレに一緒に行く，教室移動は一緒に行く，休憩時間は必ず一緒にいる。ちょっと疲れてしまう。ますます他のグループの友達と話さ

第4章　エンカウンターならできる「学級トラブル克服術」

なくなった。でもE子やF子と離れたら，私は行く場所（グループ）がない」

　担任は，学年主任に相談し，「道徳の時間に，友達関係について考えるきっかけをつくってみたら」と言われて実践した。授業後，生徒に感想を聞いてみると「そのとおりだと思う。でも，もし私が他のグループに話しかけて向こうのグループで拒否されて，今のグループからもチクったと拒否されたらどうする？　先生責任取れる？　私，不登校になっちゃうよ」と言われた。

SGEを取り入れる

　学級の女子が小グループ化して，がっちり固まっている。

　この3～4人のグループから抜け出すと1人になってしまう。他のグループも入れてくれない。

　そんなときこそSGEを行う。仲良しは仲良しでよい。

　他の友達とかかわるチャンス，知るチャンスをつくっていく。

　他の人とすぐに仲良しにならなくてもいいから，学級の友達とかかわるチャンスをつくって，友達の幅を広げていく。

実践例 ●● 小グループ化している学級の女子

　「私のしたいことBEST 5」[*1]や「もしなれるなら，何になりたい？」[*2]などのエクササイズを実施した。

　担任はD子に再び面接して様子を聞くと，「仲良しの3人組は今までどおりだ。しかし，学級の他の女子のことを知ることができて，あいさつをしたり給食のときや掃除のとき，話したり協力し合うようになった。何よりも，エクササイズで友達の意外な面が見られて楽しかった」「男子のこともわかるようになった。D子，E子，F子の3人だけのときより不安感が減った気がする」とD子は言うようになった。

*1 「私のしたいことBest 5」は拙著『どんな学級にも使えるエンカウンター20選』図書文化，66頁参照
*2 「もしなれるなら，何になりたい？」は拙著『どんな学級にも使えるエンカウンター20選』図書文化，64頁参照

☆こうする　エクササイズで，実際に多くの友達にかかわるチャンスを意図的につくる。

第4章 エンカウンターならできる「学級トラブル克服術」

第6節 集団で1人を笑う
―学級で距離をおかれている生徒―

　1年生のG子は，ちょっと動作が遅くて気が利かない。学力も高くない。自己主張も得意ではない。学級のみんなもG子に対してちょっと距離をおいている。

　ある日，E男とG子は日直で2人が教室の前に立った。教卓を挟んで2人が離れている。担任が2人とももっと教卓の前に立ちなさいと指導をした。2人がそろそろと教卓の前まで近づいたら，男子6～7人が目配せをして含み笑いをした。担任には，その仕種がG子を笑いばかにした態度に見えた。

先生の対応・指導

　担任は男子の行動を指導するために，帰りの学活後，男子全員を残した。まず，G子をばかにした笑いではないかと事実確認をした。G子に暴力を振るった者は男子18人中0人，G子をわざと避けたことのある者は15人だった。G子を言葉で攻撃した者は2人だった。「同じ学級の友達をばかにしたりしてはいけない。いじめと同じである。人間として恥である。仲良くしていきなさい」などと指導し，様子を見ることにした。

　担任の指導は適切であり，毅然とした態度で人間として訴えることをきちんと指導している。

SGEを取り入れる

　先生に「みんなと仲良くしなさい」と言われ，誰も反論はしない。
　しかし「仲良くなりたい」という気持ちがあるわけではないので，その

ままになりがちである。

　そんなとき，学級でSGEを続けていく。楽しいエクササイズ，「新聞紙の使い道[*1]」，「広告パズル[*2]」，ウォーミングアップに使う「フルーツバスケット[*3]」などを一緒にやっていく。

　ウォーミングアップでG子と一緒に活動したり，同じグループで「一緒に活動」していくと，「仲良し」にまではならなくても同じ学級の仲間として受け入れやすくなる。そして，シェアリングでG子の感情や考えを知ると，攻撃は少なくなる。

＊1　「新聞紙の使い道」は，グループになり，新聞紙にはどのような使い道があるかを考えて意見をグループで集めるエクササイズ。拙著『どんな学級にも使えるエンカウンター20選』図書文化，88頁参照
＊2　「広告パズル」は，1枚の広告を細かく破り，グループで再度合わせるエクササイズ。拙著『どんな学級にも使えるエンカウンター20選』図書文化，80頁参照
＊3　「フルーツバスケット」は本書67頁参照

☆こうする　　楽しいエクササイズを一緒にすることを通して，仲間関係を育てる。

第4章 エンカウンターならできる「学級トラブル克服術」

第7節 転入生が来た
―人間関係づくりが得意ではない生徒―

　1月中旬，1年生のクラスに女子の転入生H子が来た。
　この学級には9月にも男子の転入生があったが，この男子生徒は非常に明るく勉強もスポーツもできた。積極的な生徒でサッカー部に入り，学級にもすぐになじみ，担任があまり気を遣わなくてもうまくいった。
　H子は，絵を描くのが好きで，友達と話をするのがあまり得意ではない。
　1月なので，学校行事はほとんど終わっている。学級にはすでにグループができていて，そのグループの中には入りにくそうであった。
　2月中旬，音楽のリコーダーテストがある。H子はリコーダーが得意ではないし，この学校に来て音楽の授業はまだ4回目である。しかし，みんなの前で吹かなくてはならない。H子は面倒になり，風邪気味と言って休んだ。
　母親が担任に欠席連絡をしたが，欠席しても友達からメールが来るわけでもない。次の日登校したが，誰か心配して声をかけてくれるわけでもない。担任も出席しているのを確認しただけだった。

先生の対応・指導

　担任は，隣の学級の先生から「転入生，大丈夫？　あまり元気がないし，昨日は欠席だったね。どうしたの？」と聞かれたので，H子と面接をした。
担任「どうだい？　この学校に慣れた？」
H子「ええ，まあ……」
担任「友達できた？」
H子「ええ，まあ……」

担任「何か困っていることはない?」
H子「ええ,まあ……。特には……」
担任「何でも,先生に相談しなさい」
H子「はい」

　面接が終了し,担任は隣の学級の先生に「特に問題はないようですよ。面接したけれど大丈夫そうです」と伝えた。

SGEを取り入れる

　中学校の1月は,大きな学校行事はほとんど終わり,学級が一丸となり取り組むという時期ではない。

　4月から10か月経過しているということもあり,友達関係は固まり,H子が自分の力でそこに入り込むにはかなりの力が必要である。

　そんな時期だからこそ,学級のいろいろな友達とふれあう機会が必要である。学級集団は,好きな者同士で集まった集団ではないから,意図的にかかわったり一緒に活動するチャンスをつくらないと停滞してくる。特に1月に来た転入生には,友達とかかわるチャンスを数多く与えたい。

☆こうする　　固まった人間関係をかき回し,意図的に友達とかかわったり,一緒に活動する新しいチャンスをつくる。

第4章　エンカウンターならできる「学級トラブル克服術」

第8節　いじめ
―学級全体で楽しむ活動への配慮―

　A先生（女性）は1年生の学級担任。教科は保健体育で，女子バスケットボール部の顧問もしている。何ごとにも一生懸命取り組む先生で，はきはきしてさっぱりしている。

　6月中旬。学級のF男の母親から「具合が悪いと登校を渋っているので様子を見ます。よくならなかったら欠席します」と電話があった。

　この日，F男は欠席した。

　翌日も同じ内容で母親から電話があったので，病院で診てもらうように勧めた。夕方，母親から電話があり，「病院に連れていこうとすると，『部活動で同じ学級の生徒や1年生に，デブ，のろまと言われたから学校に行きたくない』と言っている」とのことだった。

　A先生は「明日は，ともかく登校させてください」と母親にお願いした。

　しかし，次の日，F男は自室からも出てこなかった。その日の放課後，家庭訪問し，母親と本人に会い事情を聞いた。

　卓球部の部活動のとき，2・3年生の先輩が卓球台の使える体育館へ移動したあと，1年生はグラウンドを走ったりラケットの素振り練習をする。そのときに，同学年の部員に言われたらしい。

　F男は行動が遅く運動神経もよくない。自ら話しかけるほうではなく，友達に嫌なことを言われても言い返すことができない。

先生の対応・指導

　担任のA先生は，学年主任と卓球部の顧問に経過を話し，生徒指導部会でアドバイスを受けた。部活動中は，1年生の活動に2年生が当番制で

指導するようにし，F男に乱暴な言葉を発した生徒に対しては顧問が指導した。学年主任は，乱暴な言葉を言った生徒たちからF男に謝罪させようとしたが，F男がそれを拒否した。

その後，母親はF男の登校を促し，担任が「何か嫌なことがあったら言いなさい」と声をかけたこともあり登校するようになった。

A先生は，授業を女子しか教えていないので，男子の様子がよくわからない。学級のことはてきぱきと指示を出して進めている。F男を無視したり放ったらかしにするつもりはないが，意思表示をしないのでF男の気持ちは置き去りになりがちである。

学年主任から「学級で楽しい活動をやってみたらどうだろうか。例えばレクやスポーツなど，学級みんなで楽しくするチャンスをつくるとよい」と指導されたので，学活の時間を使いバスケットボール大会をすることにした。バスケットボール部の生徒が中心となって準備を進め，審判，得点

第4章　エンカウンターならできる「学級トラブル克服術」

係をした。学級スポーツ大会では，ほとんどの生徒は満足したが，F男の班からは「F男がいるので負けてしまった」と不満が出た。試合中，F男はのろのろと走るだけで何もできなかった。それどころか，F男にパスされたボールを敵に取られてしまい「おまえがいるから負けたんだ」と言われ，また休んでしまった。A先生は，「仲良くなるつもりでやったのに……」と頭をかかえてしまった。

SGEを取り入れる

　学級で何か活動をするとき，担任の思いで決めるのではなく，生徒の意見を聞くことが基本である。担任は，みんなができるもの，特にスポーツの場合は，楽しくできるように特別ルールを設定するなどの配慮が必要である。ゲームをエクササイズとして行い，シェアリングをすることにより子どもの感じたこと，気づいたことを分かち合えるようにしたい。

　SGEはF男に配慮し，F男のやりたいものを聞きながら進めることができる。SGEは，リーダー（先生）が生徒の様子を見ながら進めることができるので，心的外傷を防ぐことができる。

　例えば「もしなれるなら，何になりたい？」[*1]，「私のしたいことBest5」[*2]，「ビンゴ」[*3] などのエクササイズならF男も楽しくやれる。

　この学級は，現段階ではグループワークトレーニングや自己主張のSGEは無理である。

＊1　「もしなれるなら，何になりたい？」は拙著『どんな学級にも使えるエンカウンター20選』図書文化，64頁参照
＊2　「私のしたいことBest5」は拙著『どんな学級にも使えるエンカウンター20選』図書文化，66頁参照
＊3　「ビンゴ」は拙著『どんな学級にも使えるエンカウンター20選』図書文化，92頁参照

☆こうする　　SGEは生徒に合わせて教師が工夫する。
　　　　　　　・不得意な子どもも，みんなが楽しくできるものをする。

第9節 部活動と生徒会のはざまで
―部活と生徒会の両立がうまくいかない―

　G男は，1年生から野球部に入り，2年生の夏休みもよく練習をした。めきめき上達し9月の新人戦にはレギュラーになった。10月，大きく成長したG男を学級のみんなが応援して，生徒会選挙に立候補することになった。そして生徒会会計に当選した。

　生徒会本部役員になったG男は放課後の仕事が多く，部活動に出られない日があったり，練習終了間際にやっと出るという日が続いた。終了時間間際の練習は，参加しにくかった。日曜日に行われる練習試合は，補欠になることが多くなっていった。野球部部長からは「練習が終わってから出てくるな。もう出てこなくていいよ。オレ，おまえに期待していないから」と言われた。学級に5人いる野球部員に無視されるわけではないが，自分が何となく浮いていると感じた。

　11月中旬，G男が担任に「先生，話がある」と言ってきた。なかなか切り出さなかったが，やっと「部長が無視する」「生徒会をやめようかと思う」と言った。担任は野球部顧問からG男の話を聞いていたので，様子はわかっていた。

先生の対応・指導

　担任は，帰りの学活にSGEを取り入れた。「アウチ」「フルーツバスケット」「ぴったんこゲーム」「友達の良いところ探し」「私のしたいことBest5」「もしなれるなら，何になりたい？」など，簡単で楽しくて短時間のエクササイズをした。ねらいは，G男が野球部の友達や学級の友達とかかわるチャンスをつくることだった。学級には野球部員が5人もいるので，

第4章　エンカウンターならできる「学級トラブル克服術」

エクササイズをすると誰かと一緒になった。また他の友達とも一緒にやるので以前のように疎外感を感じなくなっていった。担任は2週間に1回程度の面接を継続した。最初は，疎外感や友達の不満を言っていたが，徐々にG男は「友達が『気にするな』『一緒にやろうな』『今度の日曜日遊ぼう！』と言ってくれた」と担任へ報告し友達への見方が変わってきた。

冬休みを終え1月にもなると，生徒会役員をやめると言わなくなった。
G男は，大変な時期を乗り越えていった。

SGEを取り入れて

SGEを取り入れたことで，G男は野球部の友達だけでなく学級の友達とかかわるようになって，友達をより知るようになり自分を見つめるようになった。

部活動のこと，生徒会のこと，学習のことなど悩みはあったようだが，野球部や学級の友達と少しうまくいくようになったら安心し，生徒会の友達とも親しくなり，生徒会も頑張って続けてみようとする力が湧いてきたようであった。

☆こうする　　SEGを取り入れ学級の友達とかかわるチャンスをつくる。
・支えてくれる友人関係を育てて安心感を高める。

第5章

学級に合った
エクササイズをつくる

　少し慣れてきたら，自分でエクササイズをつくるとおもしろい。
　自分でエクササイズをつくるとは，生徒への思いをエクササイズで表現することである。
　どんな学級にしたいか。それは，どんなエクササイズをつくるかである。
　今までやったことのあるエクササイズやお気に入りのエクササイズを自分流にする。ちょっと自分の手を加えてみる。
　そうしていくと自分の学級にぴったり合ったエクササイズができる。

第5章　学級に合ったエクササイズをつくる

第1節　エクササイズのつくり方

　エクササイズの種類は，非常にたくさんある。
　主なものは，『構成的グループエンカウンター事典』『エンカウンターで学級が変わる（小・中・高校編）』（図書文化）などに網羅されている。
　自分の学級に合ったエクササイズをつくるとは，学級の状態に合ったやりやすいエクササイズを作ることである。自分の学級の状態に合わせてエクササイズをすると，子どもは楽しいし効果が上がりやすい。

本時のねらいに合わせる

　本時のエクササイズをねらいに合わせて変える。
　例えば，中学生はサバイバルゲームをエクササイズにしたものを好む。「月世界」「無人島SOS」「危機からの脱出」などである。
　同じエクササイズでも，5月くらいであれば，自己開示を中心にする。11月くらいであれば，自己主張を中心にする。

エクササイズ「月世界」		
時　期	4〜5月	10〜11月
ねらい	自己開示	自己主張
改善点	生徒一人一人が品物を選んだ理由を考えたり書いたり，発表することに重点を置く。	班で3つ選択するとき，自分の意見を主張することに重点を置く。自分が選んだ理由と友達の理由の違いを明確にさせる。

出典：「月世界」國分康孝監修『エンカウンターで学級が変わる　中学校編1』図書文化，112頁

ちょっとした工夫で生徒たちが活気づく

エクササイズの名前を変える

　名前を変えると，新鮮味を感じる。何か新しいものに挑戦する感じがして意欲が湧いてくる。エクササイズ名をその活動に合った名前にすると，ずいぶん違った感じがして，生徒は意欲的に取り組みやすい。

　拙著の『どんな学級にも使えるエンカウンター20選』に載っているエクササイズ「私のしたいこと Best 5」をアレンジして「これさえあればパラダイス!!*」をつくった。これは車の中で耳にしたラジオ放送からヒントを得てつくったものである。生徒には好評である。新聞，テレビ，アニメを見ながら，自分の学級に重ね合わせて題名をつけるとよい。少し流行に乗れば，生徒は興味を持ちやすい。

　みんなが見ているテレビ番組，みんなが気に入っていて，みんなが笑えるもの，それがヒントである。今の時代は，「お笑い」がキーワードである。

活動内容を変える

　同じエクササイズでも，質問する内容を変えるだけで生徒は楽しく取り組む。自分でも楽しく，生徒も盛り上がったエクササイズの例として「私のしたいこと Best 5」を「中学校卒業までにしたいこと」や「二十歳ま

でに」「1学期（夏休み）までに」などのように期間を区切るとおもしろい。生徒のシェアリングで「また，同じものがすぐ浮かんだ。おれはつくづくアメリカに行きたいんだと思った」「期間を区切られると，何の仕事をしようかと真剣に考えた」などが出た。自己理解が深まっているのがわかった。

自分の好きなものを紹介するエクササイズでは，発表のテーマを決める。例えば①電化製品，②食べ物，③飲み物。また食べ物の中でも，①給食，②ファミリーレストランのメニュー，③我が家の食事で，④和食では，⑤自分で作るとしたら，などである。

短時間で行う

シェアリングを含めても4～5分でできる。これならば，毎日の帰りの学活でもできる。これを帰りの学活に1つだけ行う。

トピックをエクササイズにする

短学活で，今日のトピックやニュース，季節に関するものをテーマにしたエクササイズをする。

例えば，「今日の題は『母の日』です。お母さんについて，母の日と聞いて思うことを書きましょう」とインストラクションをする。

2分書く時間をとったあと，30秒ずつ班で発表する。

その後，シェアリングで一言ずつ発表する。このようにして1週間に1回，帰りの会に行う。「SGEノート」を用意させたり，ワークシートを準備しておくとよい。

＊「これさえあればパラダイス!!」は，國分康孝・國分久子監修『エンカウンターで保護者会が変わる　中学校』図書文化，40-41頁

【参考文献】「心の私とご対面!!」國分康孝監修『エンカウンターで学級が変わる　ショートエクササイズ集』図書文化，140-141頁

第2節 AKARI Travel（アカリ トラベル）シリーズ

　筆者は，社会科の教師である。
　地理，歴史，公民学習の導入，まとめ，応用のときにSGEを取り入れた。当然，社会科の授業時数は決まっているので社会科に関係するエクササイズでも，学活，道徳，総合的な学習の時間，帰りの学活などを使うこともある。
　私が旅行好きということもあり，旅行会社を模した連続シリーズにしてSGEをやったところ，生徒に非常に好評だったので紹介する。

安全と楽しさを保障するAKARI Travel主催のシリーズの旅

　このAKARI Travel主催の旅は，インストラクションで「安全と楽しさを保障するAKARI Travel主催『豪華客船でグアムへ』（①の場合）に参加していただきありがとうございます」で始める。どの旅も同じである。
① 「豪華客船でグアムへご招待～漂流脱出エクササイズ～」
　ゴールデンウィークが終わって一息ついたころに行うエクササイズである。「3Aのみなさまは2日前に千葉港を出港した同じ船室の仲間たちです」と続く。
　豪華客船が台風で沈没し，救命ボートで大洋の中を生き延びるために必要な物品を選択し，それをグループで選択順位を決めていくエクササイズである。実施時期が5月中旬なので，自分の意見を発表する，自己開示中心に行う。
② 「タクラマカン砂漠への旅」
　「『タクラマカン砂漠への旅』に参加していただきありがとうございます。3Aのみなさまは定期テストを終え，3日前に成田空港を出発しま

第5章　学級に合ったエクササイズをつくる

した」。日中の砂漠で，生き延びるために必要な物品に順位をつけるエクササイズである。定期テスト終了後，学級でちょっと一息つき，学級全員で楽しみたいときに行う。①より自己主張の部分を多くする。

③「私の好きな国，行きたい国」

　地理の「第3章　世界の国々の調査」の導入に使う。

　世界の国々に興味関心を持たせたり，その興味から世界地理の導入へ使う。行きたい国と理由を3か国書いてグループで発表する。

④「タイムマシンで武将に会いに行こう！」

　誰が好き？　理由は？　信長，秀吉，家康？　または，歴女になろう！歴史の授業の「近世の日本」または「全国統一」の導入で行う。

　「君は，信長，秀吉，家康の誰が好き？　さあ，タイムマシンに乗って，戦国時代へ行ってみよう」と始める。

⑤買い物ツアー「私の人生 How Much」

　「『私の人生 How Much』買い物ツアーに参加していただきありがとうございます。先生と一緒に，人生で必要なものショッピングツアーに行きます。みなさまには1億円のクーポン券をあげましたね」で始める（クーポン券は115頁）。人生で大切なもの，例えば，愛情，友情，長寿，権力等に価格をつけその理由を発表する。「クーポン　買い物ツアー『私の人生 How Much』」を，エクササイズでやる前に宿題として配付してもよい。

⑥天国ツアー「これさえあればパラダイス」

　「パラダイスとは，楽園，天国という意味です。君たちは，何があるとパラダイスですか。さあ，先生と一緒に天国へトラベルしよう」と続ける。

　自分にとってのパラダイスを「食べ物・飲み物」「電化製品」「日曜日にしたいこと」などについて発表し合うエクササイズ。

⑦買い物ツアー第2弾「私のプレゼント」

　「またまた買い物ツアーです。今回は，自分のために買うのではなく，お世話になった方へお礼のプレゼントの買い物ツアーです」で始める。2

クーポン　買い物ツアー「私の人生　How Much」

安全と楽しさを保障する AKARI Travel Coupon
100,000,000円

○このクーポン券は，次の16の質問に答えないと有効になりません。
○AKARI Travel 主催の旅行のみ有効です。
○さあ，クラス全員で買い物ツアーに出かけよう!!

おもて

次の語句の意味を調べよう。調べることにより，このクーポン券は有効です。

1	健康
2	友達
3	趣味
4	知性
5	権力
6	結婚
7	職業
8	財産
9	愛情
10	長寿
11	忍耐
12	信仰
13	学歴
14	名声
15	家族
16	奉仕

うら（貼り合わせる）

第5章 学級に合ったエクササイズをつくる

〜3月に身近な人のために贈るプレゼントを考えるエクササイズです。

⑧「私のしたいこと Best 5」

インストラクション「今日は未来へ旅行します。二十歳のとき,君は何をしているのでしょうか? 私のしたいことをじっくり考えてみよう」で始める。

⑨「権利の熱気球」

「安全と楽しさを保障する AKARI Travel」主催,気球に乗って旅する『権利の熱気球』です」と言って始める。

エクササイズは,気球が落下の危機に瀕しているという設定で,10の子どもの権利のうちどれを捨てるか話し合う。

⑩「無人島 SOS」

「安全と楽しさを保障する AKARI Travel 主催『無人島への旅』です。今配った世界地図に君が発見した無人島をこっそり描いてしまおう」で始める。エクササイズは,無人島で助けを待つ自分にとって大切なものは何か,順番をつけて話し合うものです。

生徒の反応

このように続けていると,あまり自己主張しない生徒やおとなしい生徒も教師に声をかけてくるようになった。例えば「先生,今度はいつ AKARI Travel やるの?」「AKARI Travel ではなく,アカリトラブルでしょ。やってられないよ。どこが安全だよ」「A男君のことがよくわかったよ」などである。授業から離れたところで自分の思ったことを言っても批判や拒否されないことが,授業でも生かされてくる。

第6章

大人と異なる
生徒向けエンカウンターのコツ

　SGEのワークショップに参加すると，ほとんどの人は良い体験をしたと言い，これを学級で行いたいと言う。
　SGE体験で，心地良さを感じたり，自己理解が深まったからであろう。
　大人向けのワークショップでやったSGEと，教師がリーダーとなって自分の学級で行うSGEの違いを知り，学級で上手にSGEを活用してほしい。
　また，グループで活動する技法はたくさんある。それぞれの技法の良さを確認し，子どもの人間的成長の手助けをしてほしい。

第1節 ジェネリックとスペシフィック

　私は，國分康孝先生と國分久子先生の集中的体験のジェネリックSGEを体験し，教師として，学校で子どもに計画的・断続的にスペシフィックSGEを展開している。理論は同じでも，実践面で留意する点が違う。これを間違えると，子どもに心的外傷を与えたり，学級でうまく運営できないことがある。ジェネリックとスペシフィックの特徴を押さえ，上手にSGEを活用したい。

	ジェネリックSGE	スペシフィックSGE（小中高の学校教育の場合）
原理	・ホンネに気づく。ホンネの表現・主張・他者のホンネの受容 ・エクササイズを介して自己理解。自己開示を介してのリレーション形成，シェアリング	
エクササイズの哲学的・理論的・技法的背景	・実存主義・プラグマティズム・論理実証主義・ゲシュタルト療法・その他カウンセリング理論	
エクササイズの種類	・自己理解，他者理解，自己受容，自己表現，自己主張，感受性の促進，信頼体験	
目的	・行動変容，究極的には人間的成長 ・自己理解が主	・単元目標や授業目標の達成 ・友達づくり（人間関係づくり）や他者理解にも重点を置く
目標	感情を伴う気づき 　・ふれあいと自他発見 　・自己発見 　・自己洞察 　・教育分析	・自己発見もあるが他者発見の割合が大きい ・生徒の教育分析はしないが教師の教育分析になる

対象	健常な成人 自己啓発や自己変革を望む人 ・未知集団 ・集団はワークショップ期間限定	児童生徒 ・児童生徒がしたい，したくないよりも，教師が子どもに成長してほしいと願い活用する ・既知集団 ・集団は1～2年間継続
場面設定	文化的孤島	カリキュラムに対応 ・授業，道徳，学活（学級） ・行事，集会，部活動
展開の仕方	集中的 宿泊を伴い2泊3日程度	計画的，非集中的，断続的
特徴	・リチュアル ・ペンネーム ・全体シェアリング ・役割遂行 ・現実復帰（抑圧から抑制へ）	・カリキュラムに対応 ・学齢，発達段階に対応（教科領域・道徳・特活等）

出典：片野智治「ジェネリックとスペシフィックの対照表」國分康孝・國分久子総編集『構成的グループエンカウンター事典』図書文化，35頁を一部改変

第6章 大人と異なる生徒向けエンカウンターのコツ

第 2 節　強制的にやらせてもよいか

　SGEを学級で実践している先生方からよく「SGEをやりたがらない子どもに，強制的にやらせてもいいか」と質問を受ける。

　教育課程では，「授業は参加する」が大原則である。しかしながら教師が，「私は，特別活動の授業でSGEをやりたい。SGEをやりたくない生徒は参加しなくてもよい」とはならない。

　授業で行うSGEは，子どもがやりたくてやるのではない。大人が自主的に参加するSGEとは違う。最初は先生が「やろう，やります」と言うからやるのである。

　また，一緒にやる人は，1年間一緒に生活する学級の友達である。自由参加ではない。

　ただ，実存主義を基調とするSGEは「あるがままに」を重視し，本人の自主性に任せ「強制しない」が基本である。エクササイズに参加するかどうかは，本人の意思を尊重したい。

　生徒がSGEをやりたがらない理由として中学校の場合，次のことが考えられる。これらは，教師の工夫で防ぐことができる。

やりたくない理由とその対策

(1) ウォーミングアップで男女が握手をしなくてはならないから
　➡学級の実態を把握し，握手が無理なら握手をしなければよい。別な方法で挨拶をする。（例：アウチ）

(2) 知らない人やきらいな人と同じグループになるのは嫌だから
　➡中学生の場合，ほとんどがこの理由である。SGEをやりたがらないのではなく，一緒のグループに誰となるか心配だからである。グループづくりに配慮する。[*]

(3) エクササイズで何をするかわからず心配だから

　➡学級担任は前日に予告する。「明日の道徳の時間は,『私の人生 How Much』というエクササイズをします。自分にとって何が一番大切か考えておきましょう」という程度の内容を知らせる。

　「明日はエクササイズをするよ」だけでは,「エクササイズって何だろう？　どんなダンスだろう？」と, 踊らされると勘違いする生徒もいる。

(4) シェアリングで何を言ったらいいかわからない。必ず発表しろと強制されるから

　➡指名しても言えない生徒に対して「そうか, 言えといわれても困ってしまうね。何と言っていいか迷ったんだね。いい言葉が見つからなかったんだね。そういうときもあるね。『わかりません』と言いにくかったんだね」などと声をかけて, その気持ちをフォローする（3章コツ4も参照）。最初は「感じたこと, 気づいたことを書く」だけでも OK とする。*

(5) みんなの前でジェスチャーをしなくてはならないから

　➡生徒が嫌がる活動をエクササイズに入れない。例えば「アニマルプレイで動物になろう」などである。みんなの前で「猿のマネをしなさい」と強制され, SGE が嫌になった生徒がいる。生徒が嫌がる活動をエクササイズに入れない。和やかな雰囲気の学級や冷やかしやいじめのない学級では, だんだんとみんなの前でジェスチャーもできるようになる。

(6) (1)～(5)までの「やりたくない理由とその対策」をやっても, それでも「やりたくない」と生徒が言ったら, 次のように対応する

　➡インストラクションをして,「先生, やりたくない」と言う生徒がいたら,「そう, それは困ったなあ」と言って一度軽く受け取め,「それでは, 始めるよ」と進める。このとき「どうして参加したくないの」「みんなやるよ」「君が参加するのを, みんなは楽しみにしているよ」などと言わない。みんながやりたい雰囲気が壊れ, 学級全体がしらけムードになり, やりたくないと思う生徒が, 一挙に3割以上になってしまう。

第6章　大人と異なる生徒向けエンカウンターのコツ

　それでも「やりたくない」と言って拒否する生徒には違った方法で参加させる。「先生のアシスタントになって」「時計係をして」など，何らかの形で参加できる方法を勧める。「何をやるか，側で見ていて」と言うのも参加する方法の1つである。

　時計係として参加させ，途中で「やりたくなったかい？」と誘うと参加する場合が多い。最後のシェアリングから参加させる方法もある。「みんなを見ていて感じたこと，気づいたことを言えばよい」と。このようにやっていくと，だいたい次回のSGEに参加するようになる。

＊ (2)と(4)については拙著『どんな学級にも使えるエンカウンター20選』も参照。

> **コラム5**
>
> ### 学級の雰囲気を良い方向に向ける
>
> 　学級の雰囲気が良いにこしたことはない。しかし，もっと大切なことは，学級の雰囲気が「良い方向に向いて動いている」ことである。
>
> 　Q-U（河村茂雄「楽しい学校生活を送るためのアンケート」）でいえば学級のプロットが，学級生活不満足群から学級生活満足群の方へ動いていることである。生徒全員が満足するのはなかなか難しい。家庭が違い保護者の価値観も違う。子どもの生活体験も違う。今日，調子がよい子もいれば，悪い子もいる。Q-Uの座標が，長いスパンで右上がりに動いていけばよい。
>
> 　SGEを実践し続けると，学級のみんなで楽しい活動をしながら，ルールができていき，生徒一人一人が「自分は認められている」という被受容感を抱きやすい。大変な学級のSGEは，まず，みんなで一緒にやってマイナスのイメージがないこと，みんなでやって嫌なことがないことが大切である。
>
> 　そうすると，またSGEをやろうと思う。始めはそれだけでいい。
>
> 　そうしていくと少しずつ良い方向に向かっていく。学級を良くするコツは，簡単なエクササイズを続けることである。

第3節 「君がきらいだ」と本音を言ってもよいか

　SGEを「この時間は，ホンネで語る時間です」と説明すると，休憩時間に「先生，SGEの時間に本当にホンネを言ってもいいんですか。僕はA男君がどうしてもきらいなんです。あいつと絶対にエクササイズをやりたくない。やりたくないというよりやれない」と言う生徒がいる。また「SGEはホンネを言ってもいいというけれど，『私は，A子さんが大きらいです。いないほうがいいです』なんて言ってもいいのだろうか。そんなことを言うと学級が成り立たない」とSGEに抵抗を示す先生もいる。

　基本は，「SGEはホンネを言う。しかし，相手を傷つけたり，相手が嫌がることはしない，がルールです」と付け加える。

　学校で行うSGEは，「私は君がきらい」と言うことは，避ける。そして，「相手を変えようとするのではなく，自分が変わる」が基本だと付け加える。

　学校は教育の場である。子どもへの心的外傷を避けなくてはならない。

　教室は子どもの心を育てる場である。生徒は発達課題をたくさん抱えている未成年である。学校で行うスペシフィックSGEは，大人がワークショップで契約を交わして始めたジェネリックSGEではない。

　生徒が「B男君がきらいでSGEはしたくない」と相談に来たら，時間を取って面接をし，次のことを話す。

　「①ホンネを話してくれてありがとう。②みんなの前で言っても良いか悪いか心配したんだね。友達を傷つけないか心配したんだね。③今は先生がホンネを聞き君の気持ちがよくわかったから，しばらくこのままにしておこう。④しばらくしたら，もう一度聞くよ」と話す。

　そして数回B男と違うグループでSGEをしたあとに，同じグループでエクササイズをやらせてしまう。

第6章　大人と異なる生徒向けエンカウンターのコツ

　その時の配慮としては，エクササイズは，①ものすごく簡単なもの，②短い時間のもの，③動きのあるものなどにすることである。④リチュアルやあいさつ程度のことを一緒にやらせる。あいさつも，握手ではなく「アウチ」（本書67頁参照），ウォーミングアップの「猛獣狩り」（67頁参照），エクササイズでは，「広告パズル*」などである。

　終了後，きらいだと言った本人に「どうだった？」と聞くと，だいたいの生徒は「別に」「あのくらいならいい」と応える。

　筆者が担任のとき，たくさんのエクササイズを実践し，学年末に「C男君がきらいと言っていたのはどうなった？」と聞くと，「先生，なんで今ごろそんなこと聞くの。SGEは，今ここでどう思っているかでしょ。あれは過去だよ」と言われたことがある。

　ところで，彼には以前に次の話をしたことがある。「君は，D男君がきらいである。それはそれでわかった。しかし，D男君は君に好かれるために生きているのではない」と。これもSGEの基本的な考え方である。

＊拙著『どんな学級にも使えるエンカウンター20選』図書文化，80-81頁参照

第4節 深いエクササイズをしたい

　SGEを行っている先生から「いつまでも楽しいエクササイズだけではなく、自己理解がもっと深まるエクササイズをしたい。どのようなエクササイズがよいか」と質問されることがある。またSGEを長年やっているベテランの先生が「学校で行うSGEで、私はグッと深いところまでもっていき泣き出すところまでいった」と聞いたことがある。

　学校で行うSGEは、子どもの内面を急激にゆさぶるようなエクササイズではなく、多くの生徒が抵抗なく取り組めるエクササイズから展開する。

　生徒は発達課題をたくさん抱えた未成年であり、すべての生徒が自主的に参加したわけではない。あまり浅いとか深いにこだわらず、楽しく回数を多く行う。

　簡単にできる「よいところ探し」[*1]でも、グループのメンバーを変えたり、話すテーマを変えれば、新しい発見がたくさんある。「もしなれるなら、何になりたい？」[*2]でも、1回目は動物、花、昆虫だったものを、2回目はTVドラマの主人公、歴史上の人物などに変えると大いに盛り上がるし自他理解も深まる。

　同じエクササイズでも、テーマだけ変えてもやり方がわかっているので、1回目より理由をていねいに考えたり、シェアリングでさらに感じたことを言えたりして深まっていく。深める工夫は大切だが、簡単なエクササイズを繰り返しても自己理解や他者理解が深まる。

＊1 「よいところ探し」は拙著『どんな学級にも使えるエンカウンター20選』図書文化、56-61頁参照
＊2 「もしなれるなら、何になりたい？」は拙著『どんな学級にも使えるエンカウンター20選』図書文化、64-65頁参照

第5節　秘密保持

　大人向けのSGEのワークショップでは，エクササイズを次々に展開していくうちに「自分を出し過ぎてしまった」ということがある。自分自身のことや家族のことを今は言うつもりでなかったけれど，つい本音を出し過ぎてしまったということがある。そのときは本音を言えてすっきりしても，あとで後悔することがある。

　しかし，大人のSGEでは「今この中で起きたことは，ここで終わりにする，ここから持ち出さない」というルールがある。だから安心してあるがままに振る舞うことができる。そして現実原則の社会に復帰するとき適応できるように「秘密保持」を徹底する。

　今までの経験から学校で行うSGEでは，ルールとして「秘密保持」を徹底するなどということは気にしなくていいと思う。学校で行うスペシフィックのエクササイズは単発であり内観のような自己を深く見つめるエクササイズをあまりしないので，秘密にしなくてはならないことが出にくい。また，一緒に生活しているので，友達の生活環境をよく知っているということもある。

　「秘密保持」を徹底することより，先生に求められるのは，カウンセリングの知識である。面接技法を知っていると，SGE後の指導や援助ができる。秘密保持に配慮した事例を紹介する。

実践例　●●　不登校適応指導教室の宿泊体験の夜

　不登校生徒たちの夜のキャンプファイヤーが終わった後，彼らは興奮してなかなか寝つくことができず，以前の学校での大変だったこと，家族のできごとの話で盛り上がったことがある。

　パンツを脱がされたこと，リストカットをしたこと，お父さんとお母さ

んが大げんかをしてお母さんが家を出てしまったこと，万引きをして母親に殴られたこと……，誰かに聞いてもらいたかったのだろう。自分のことを知ってほしいと精一杯語ったように感じられた。

　生徒たちを落ち着つかせ，さあ寝ようとなった。そのとき「秘密です。誰にもしゃべってはいけない」と言わずに，「よく話したよね。よく言えたね。友達がいるから話せたんだよね。今日のことは大事な友達のことです。心の中にしまっておこう。それも大切なことです」と話して終わりにした。

SGE後，個別面接をする

　筆者は，SGE後，使用したワークシートやシェアリング票を見ながら，場合によっては面接をする。それは，教師から見て，「生徒が自分の心情を出し過ぎてしまったのではないか」と思ったときである。

　例えば，「私のプレゼント」というエクササイズで，「ナシ」と書き，「アイツ（父）へプレゼントなんかない。おれたちを棄てて家を出てしまった。アイツへプレゼントなんかあるわけがない！」と言った生徒がいる。放課後，その生徒を呼んで，「今日のエクササイズはどうだった？」と聞きながら，彼の気持ちをゆっくり聴き，彼の気持ちを整理したり明確にしたりした。そして，「先生が聞いておいたほうがいいことはありますか？」「先生が応援することはありますか？」と聞き，このエクササイズにけじめをつけ面接を終わりにしている。

第6節 SGEと他の理論・技法との異同

「SGEのエクササイズは，ゲームや学級レクと同じことをするのに，どこが違うのか」とよく質問される。集団で同じように活動するのにどこが違うのか。他とSGEとの相違は次のとおりである。

SGEとグループ体験の比較

●レクリエーション

レクリエーションは，その活動を楽しむことが目的である。
学級レク，学級スポーツ，クリスマスお楽しみ会など。

☆SGEは，同じような活動（エクササイズ）を行うが，それ自体を楽しむことが目的ではなく，それを通して，思考（thinking），行動（acting），感情（feeling）の変容から育つ人間関係づくり，人間成長をねらいとする。

●対人関係ゲーム

対人関係ゲームは，ゲームをすることが主である。一緒に活動することで，楽しさや一体感を感じたりするのに効果的である。

特に対人不安が強く人と交流するのを避けてしまう，子どもが孤立しているなどの場合，人と交流したり人と楽しむ経験を繰り返すことで，自分は人に受け入れられる，また，人を上手に受け入れることができるという自信を高めることができる。

☆SGEは，エクササイズを通して感情を分かち合うことが主である。

【参考文献】田上不二夫編『対人関係ゲームによる仲間づくり』金子書房

●グループワーク

実際の学級や学校で行う行事を指す。計画や準備も時間をかけて行い，1つのことを共同で達成することをねらう。

学芸会，運動会，老人ホーム訪問，合唱コンクールなど。

☆SGEは学校の授業の中で，エクササイズを意図的に作り，人間関係づくりや人間成長をめざす。

●グループワークトレーニング（GWT）

GWTは一単位時間の中で3つのことを行う。

①ある課題にグループで取り組み，課題を解決する。

②「振り返りシート」を使い，課題を解決しているときに自分を含めてグループの一人一人はどんなことをしたかを振り返る。

③振り返ったことを教師がまとめ，学校生活に生かせるように支援する。

課題は，協力，協働のもので，助け合いを学ぶための洗練されたエクササイズが用意されている。

振り返りがSGEのシェアリングに似ているが，GWTは友達を評価する。

☆SGEのシェアリングは，感情表現が主で，友達を評価しない。

【参考文献】坂野公信監修，横浜市学校GWT研究会著『学校グループワーク・トレーニング』遊戯社

●カウンセリング

カウンセリングの基本は，1対1，受け身。

☆SGEは，集団対象のカウンセリング＝サイコエジュケーション（育てるカウンセリング）。

①問題発生を予防する。

②子どもの成長を助ける。

第6章　大人と異なる生徒向けエンカウンターのコツ

●グループカウンセリング
　孤立より集団の中で安定することで，人は欲求が満たされるという「グループダイナミクス」を生かしたアプローチ。問題解決のために行う。話す，聴くが主な活動である。

> ☆SGEは，特別に問題があるわけではない。今日よりも関係を良くしたり深めたり自分の気づきを深めることが目的である。病気ではなく一般の人を対象とした教育指導法である。治療目的ではない。エクササイズが主な活動である。

●グループガイダンス
　学校教育の中で展開される学業指導（オリエンテーションを含む），進路指導，余暇指導，個人適応指導，保健指導などの教育活動を，学級，学年または全校単位で行う指導。情報提供が中心。知的色彩が強い。

> ☆SGEは思考や感情交流が主となり，パーソナリティの関与する度合いが高い。

●ソーシャルスキルトレーニング
　対人関係を営む知識や技術（ソーシャルスキル）を学び習得することがねらいである。これは「対人関係を営む力はもって生まれたものではなく，学習によって向上するもの」という発想に起因している。
　エクササイズは訓練であり練習である。自己主張トレーニング，ソーシャルスキルトレーニングなどがある。

> ☆SGEは，心と心が交流し合う場面を提供している。エクササイズを体験し，どう感じたかなど友達と感情を分かち合うことで，今後の身の振り方を考えることができる。

【参考文献】河村茂雄ほか編『学級ソーシャルスキル　小学校低学年編，中学年編，高学年編，中学校編』図書文化

● ピア・サポート

　予防教育的な生徒指導として，お世話をする体験を通して，お世話をする側の自己有用感を高める教育。〈滝充〉

　自己有用感とは，自分が認められているという感じである。これを他者とのかかわり合いの中で，味わう。背景として，今日的課題の１つである「人間関係づくり」に教師が直接手を入れすぎ，教師による人間関係づくりになっているという主張がある。相手を助けるという行為から，自分を有用な人物と感じたり認めていく手法を基本としている。

　ピア・サポートは，他者を助けたり援助することにより，自分が有能であるという自信を持たせることを目的とする。（トレーバー・コール博士，日本学校教育相談学会）

> ☆SGEは，同じ活動でも，その活動から生じた感情から洞察することを目的としている。

● 構成的グループエンカウンター（SGE）

　「今，ここ」を共に分かち合っていくことを大切にしている。

　國分康孝は「人生で誰でも遭遇する問題の解決に苦労している人を援助し（問題解決），自力で解決できるよう転ばぬ先の杖を与え（予防），さらに問題解決を機縁に，成長促進の援助（開発）をする。この育てるカウンセリングの手法の１つがSGE」と述べている。

　SGEは，心とこころのふれあい，自己発見，お互いが自己開示することによってふれあいが深まり，そのふれあいを通して自己の内面を探索することにより自己発見していく。この自己発見を通して行動変容が起き，大きくは，自己変容していく。こうしたグループアプローチがSGEである。

あとがき

　平成19年刊行の拙著『どんな学級にも使えるエンカウンター20選』が非常に好評で，第8刷にもなりました。それで，全国でSGEを実践されている先生方のお役に立てればと思い，『どの先生もうまくいくエンカウンター20のコツ』を書きました。

　平成23年4月に，千葉市立川戸中学校へ赴任しました。
　現在の学校では，全学級で何度もSGEをしました。
　私がリーダーとなり担任や副担もサブリーダーとなり，生徒と一緒にSGEをやってくれました。終了後の顔は，先生も生徒たちも楽しそうで，すがすがしい顔でした。
　みんなの顔を見るたびにSGEの良さを痛感します。
　同じエクササイズをしても，学級によって感じ方が違い，新鮮です。
　SGEは人間の生命と生命のぶつかり合いです。
　そこから，自他理解が深まり，被受容感が高まります。
　そして，何にも揺るがない自分が構築できていきます。

　SGEに出会って，20年弱経ちます。さまざまな形で支えてくださったのが，國分康孝先生と久子先生です。両先生からはSGEはもちろん，これからのカウンセリングのあり方を学びました。
　片野智治先生には，SGEの基本を先生のお振る舞いのなかから学びました。学級でSGEを実施するとき，ともすればゲーム感覚に流されがちです。それを戒めてくださいました。
　早稲田大学の河村茂雄先生からは，Q-Uを通して，これからの日本の学級経営を学びました。

明治大学の諸富祥彦先生は，会うといつもホッとさせてくださいます。大変な思いをしていたり困っている先生方への応援方法を学びました。

　また，千葉市のエンカウンター仲間，植草伸之さん，浅井好さん，萩原美津枝さん，平田元子さんたちとは，若い先生にSGEをどう伝えていくかを話し合ってきました。これが，教師を続ける大きな原動力となりました。全国のSGEの仲間と話し合うと，頑張ろうという勇気が湧いてきます。

　出版に際して，東則孝様をはじめ図書文化の皆様には大変お世話になりました。感謝に堪えません。

　最後に，妻春美がSGEや不登校問題でアドバイスをしてくれることや，娘3人と一緒に旅をするのが大きなエネルギーとなりました。すべての皆様に感謝しつつお礼の言葉とさせていただきます。

平成24年4月

明里康弘

■監修者紹介

國分康孝　こくぶ・やすたか
東京成徳大学名誉教授。日本教育カウンセラー協会会長。スクールカウンセリング推進協議会代表。東京教育大学，同大学院を経てミシガン州立大学大学院カウンセリング心理学専攻博士課程修了。Ph.D.。ライフワークは折衷主義，論理療法，構成的グループエンカウンター，サイコエジュケーション，教育カウンセラーの育成。著書多数。

國分久子　こくぶ・ひさこ
青森明の星短期大学客員教授。日本教育カウンセラー協会理事。関西学院大学でソーシャルワークを専攻したのち，霜田静志に精神分析的教育分析を受ける。その後，アメリカで児童心理療法とカウンセリングを学び，ミシガン州立大学大学院から修士号を取得。論理療法のエリスと実存主義的心理学者のムスターカスに師事した。

■著者紹介

明里康弘　あかり・やすひろ
千葉市立川戸中学校校長。千葉大学大学院学校教育臨床修了。長年，適応指導教室，教育センターで不登校の子どもとかかわる。エンカウンターを通して子どもとともに教師自身が成長することが大切と力説したい。単著『どんな学級にも使えるエンカウンター20選　中学校』(図書文化)。『エンカウンターで保護者会が変わる　中学校』『エンカウンターこんなときこうする！』『エンカウンターで学級づくりスタートダッシュ！』『育てるカウンセリングによる教室課題対応全書6　不登校』『教師のコミュニケーション事典』(図書文化・共編)，『教師間のチームワークを高める40のコツ』(教育開発研究所・共編)，『シリーズ・学校で使えるカウンセリング　4』(ぎょうせい・共編)。

どの先生もうまくいく
エンカウンター20のコツ

2012年7月20日　初版第1刷発行［検印省略］

監修者	國分康孝・國分久子
著　者	明里康弘Ⓒ
発行者	村主典英
発行所	株式会社 図書文化社

〒112-0012　東京都文京区大塚1-4-15
TEL. 03-3943-2511　FAX. 03-3943-2519
振替　東京00160-7-67697
http://www.toshobunka.co.jp/

装　幀	株式会社 加藤文明社印刷所
印刷所	株式会社 加藤文明社印刷所
製本所	合資会社 村上製本所

ISBN978-4-8100-2614-6　C3037
乱丁・落丁本の場合はお取り替えいたします。
定価はカバーに表示してあります。

構成的グループエンカウンターの本

必読の基本図書

構成的グループエンカウンター事典
國分康孝・國分久子総編集　A5判　本体：6,000円＋税

教師のためのエンカウンター入門
片野智治著　A5判　本体：1,000円＋税

自分と向き合う！究極のエンカウンター
國分康孝・國分久子編著　B6判　本体：1,800円＋税

エンカウンターとは何か　教師が学校で生かすために
國分康孝ほか共著　B6判　本体：1,600円＋税

エンカウンター スキルアップ　ホンネで語る「リーダーブック」
國分康孝ほか編　B6判　本体：1,800円＋税

エンカウンターで学校を創る
國分康孝監修　B5判　本体：2,600円＋税

目的に応じたエンカウンターの活用

エンカウンターで保護者会が変わる　小学校編・中学校編
國分康孝・國分久子監修　B5判　本体：各2,200円＋税

エンカウンターで不登校対応が変わる
國分康孝・國分久子監修　B5判　本体：2,400円＋税

エンカウンターで進路指導が変わる
片野智治編集代表　B5判　本体：2,700円＋税

エンカウンターで学級づくりスタートダッシュ　小学校編・中学校編
諸富祥彦ほか編著　B5判　本体：各2,300円＋税

エンカウンター　こんなときこうする！小学校編・中学校編
諸富祥彦ほか編著　B5判　本体：各2,000円＋税　ヒントいっぱいの実践記録集

どんな学級にも使えるエンカウンター20選・中学校
國分康孝・國分久子監修　明里康弘著　B5判　本体：2,000円＋税

多彩なエクササイズ集

エンカウンターで学級が変わる　小学校編　中学校編　Part1～3
國分康孝監修　全3冊　B5判　本体：各2,500円＋税　Part1のみ本体：各2,233円＋税

エンカウンターで学級が変わる　高等学校編
國分康孝監修　B5判　本体：2,800円＋税

エンカウンターで学級が変わる　ショートエクササイズ集　Part1～2
國分康孝監修　B5判　本体：①2,500円＋税　②2,300円＋税

図書文化

※定価には別途消費税がかかります